中学校
美術の授業がもっとうまくなる50の技

山崎 正明
Yamazaki Masaaki

明治図書

はじめに

　美術のよい授業とは，どのような授業でしょうか。

　まず，よい授業をつくる上で私が大切にしている２つの柱を紹介します。

　１つは，題材設定です。よい授業になるかどうかの最大のポイントは，題材を設定する段階で，この題材を提案したら，生徒は一体どう考えるだろう？　どのような力を発揮するだろう？　どのような表現，鑑賞をするだろう？　と，**「生徒が見せてくれる姿」に教師がわくわく感**をもてるかどうか。ここがよい授業になるかの分かれ道だと考えています。それは私が深く実感していることです。一人ひとりの表現や鑑賞はその生徒がこの世に存在しているからこそ生まれたものです。まず，生徒がいます。当たり前のことですが，とても大切なことです。

　そしてもう１つ，それは義務教育最後の卒業制作で見せる生徒たちの姿から今までの授業が望ましいものかどうかを判断するということです。もちろん，「卒業制作」は中学校の美術で必ずやらなければならないことではありませんが，おすすめの実践として本書でも紹介しています。

　卒業制作は，義務教育の最終段階の姿です。卒業記念ではありません。思い出にするためのものでもありません。**中学校３年生だからこそできることに，生徒が自分ごととして本気になって取り組んでいるか，その生徒の姿からそれまでの授業を問うのです。**そこが授業改善のヒントになります。

　本書では，このようなことを柱として考えながら，美術の授業で大切にすべきことを「50の技」として具体的にまとめました。皆さんは，目の前の生徒たちのために，よりよい授業をしたいと思って本書を手に取ってくださったのだと思います。そのような思いをもたれている方に，少しでもお役立ていただければと思っています。

また，本書を執筆しながら，もう1つ考えていたことがあります。それは，美術という教科の未来です。

今の生徒たちが生きる未来は，AIと人間の知能が逆転するシンギュラリティを迎えるかもしれないと言われるような時代です。これからの美術という教科の未来は，「美術」という枠だけにとどまって考えていていいわけがありません。「STEAM教育」（アメリカで始まったSTEM教育にARTの要素Aを加え，STEAMとしたもの）もこうした時代背景から生まれてきました。こうしたことから時には教科の枠を超えた実践をしたり，地域に実践を開いたりすることも大切になってくるでしょう。

こうした未来を踏まえつつも，今，授業をつくる上で大切なことは，学習指導要領（平成29年告示）が示している美術科の目標「表現及び鑑賞の幅広い活動を通して，造形的な見方・考え方を働かせ，生活や社会の中の美術や美術文化と豊かに関わる資質・能力を（中略）育成すること」を実現することです。

そして，美術の時間にしかできないこと，美術の時間だからこそできること，美術専科だからこそできること，そうしたことを意識し，美術教師同士で共有しておくことが必要でしょう。それは地域の教育研究の大きな財産にもなることでしょう。

以上のような，美術という教科の今後の在り方を，頭の片隅で考えながらお読みいただきたいという思いも込めて，本書を執筆しました。読者の皆さんから，「50の技」を超えて，美術という教科の未来を照らすよりよい実践が生まれてくることを願っております。

2019年8月

山崎　正明

もくじ

はじめに

第1章
生徒の意欲づけが
もっと うまくなる**4**の技

1　授業で目指す生徒の学びの姿をイメージする　010
2　題材を「自分ごと」として捉えさせる　012
3　生徒の「こうしたい！」を授業の中心にする　014
4　導入で意欲を引き出す　016
Column　授業改善「今，やる気がない人はいますか？」

第2章
指導計画の立て方が
もっと うまくなる**7**の技

5　3年間を見通した計画を立てる　020
6　教科書を積極的に活用する　022
7　学年の特質を捉える　024
8　「つなげる」視点で学びの内容を広げ，深める　026
9　美術と他教科をつなげる　028
10　題材への配当時間にメリハリをつける　030
11　卒業期の生徒の学びの姿をもとに，3年間の指導計画を見直す　032
Column　若者の声を聴く仕事

もくじ

第3章
学習規律づくりがもっとうまくなる4の技

12　授業を成立させるための「指示」を見直す　036

13　授業の質を大きく左右する「説明」を見直す　038

14　生徒との合意形成をはかる　040

15　作品完成までの時間差に対応する　042

Column　これからの時代とデザイン

第4章
主体的な学びを生み出すことがもっとうまくなる12の技

16　美術で生み出される多様性の面白さを実感させる　046

17　「見て描く力」は努力で高められることを実感させる　048

18　材料や用具は，表現の前にまずは触って試してみる　052

19　想像することの面白さを実感させる　054

20　デザインや工芸の面白さに気づかせる　056

21　美しい色彩を生み出すことに興味をもたせる　058

22　美しい形を生み出すことに興味をもたせる　060

23　発想力を高める思考の仕方を実感させる　062

24　美術の時間を通してよりよく生きることについて考えさせる　064

25　美術が社会に貢献していることを実感させる　068

26　自分の表現意図に応じて描画材を選択できる力をつける　070

27　鑑賞の面白さを実感させる　072

第5章

もっと 学びの見取りが うまくなる4の技

28 生徒の姿から学びを捉える 076

29 机間巡視での声かけは生徒の学びを捉えた上で行う 080

30 作品への思いや表現意図を生徒に尋ねる 082

31 生徒の可能性を信じる 084

Column 「描かされる絵」と「描く絵」(1)

第6章

もっと より深い学びを生み出すことが うまくなる6の技

32 生徒同士が学び合う場を設定する 088

33 表現過程で学んだことを解説させる 090

34 1冊のスケッチブックに学びを集約させる 092

35 グループ学習は意図に応じて常に形態を変える 094

36 毎時間振り返る場をつくる 096

37 生徒の思いを踏まえた個別指導をする 098

Column 「描かされる絵」と「描く絵」(2)

もくじ

第7章
授業改善が
もっと
うまくなる4の技

38 評価の資料から授業を見直す　102

39 授業記録の動画を分析する　104

40 学校内のつながりを生かして学ぶ　106

41 他校の先生とともに学ぶ　108

Column　　中学校美術 Q&A という研究会のこと

第8章
生徒が学びやすい美術室づくりが
もっと
うまくなる5の技

42 材料や用具の置き方で
画材売り場のようなわくわく感を生み出す　112

43 フレキシブルに活用できる美術室にする　114

44 生徒の学びを広げ，深めるものを置く　116

45 美術室に資料室としての機能をもたせる　118

46 開かれた美術室にする　120

Column　　授業の節目に振り返ることの大切さ

第9章
作品展示がもっとうまくなる4の技

47 全員展示を目指しつつ，生徒の展示への意思も大切にする　124

48 作者としての生徒の言葉を添えて展示する　126

49 校外展を開催し，中学生のよさや美術の面白さを伝える　128

50 複製画や，生徒が気軽に描いたものをどんどん展示する　130

Column　環境構成という考え方

付録　誌上ギャラリー
おわりに

第 **1** 章
生徒の意欲づけが
もっと
うまくなる **4** の技

1 授業で目指す生徒の学びの姿を イメージする

ポイント

1 完成した作品を目標にするのではなく，生徒の学びを目標とする
2 目標とする生徒の学びの姿をイメージし，授業改善を進める

1 完成した作品を目標にするのではなく，生徒の学びを目標とする

　ここに示したポイントは，当たり前のことです。しかし，実態としては，必ずしも当たり前になっていないこともあるので，あえてポイントとして取り上げました。

　中学校美術の授業の成果物の1つが生徒作品です。他校の生徒作品を見ることができるのは地域の生徒作品展や研究会でしょう。

　そのような場で生徒作品を見ていると，ときに大人が見ても驚くようなものに出会うことがあります。それらを見ると，「自分の指導がよくないから自校の生徒作品の完成度が低いのではないか」と思えてくるかもしれません。しかし，必ずしもそうではありません。教師がつくらせたい作品例を生徒に示しながら，作品完成に向けて指示していくスタイルは，生徒を統制して行う授業なのでやりやすいのです。そうして生まれる作品は，膨大な時間をかけなければできないようなものや，完成度は高いが教師の意向が強く働いているもの，表現への作者の思いが見えてこないもの，写真の下請けのような写実的表現をさせられているものも残念ながらあります。なお，この作品中心の考え方の傾向は地域や学校によって大きく違っています。

　学習指導要領に示された「美術科」の目標は，成果物としての立派な作品

第1章　生徒の意欲づけがもっとうまくなる4の技

をつくらせることではないということは言うまでもありません。学習指導要領で示されているのは，教科の目標を達成するための資質・能力を育成するということです。そして，それを育成する場が各題材であり，授業です。その集合体が「美術科」という教科なのです。ですから，当然のことながら各題材，授業における目標到達の姿を具体化しておくことが非常に重要です。

2　目標とする生徒の学びの姿をイメージし，授業改善を進める

下の2枚の写真は，生徒が主体的に学ぼうとする意思が表れている姿です。

自画像を描く手を休めて目を細め，全体のバランスを見ています。つまり，この生徒は全体と部分の関係がどうなっているか検討しています。造形的な視点から，自分の表現を捉え直しています。

作品について意見交換しています。自分の席から離れて座っている人と交流しているため，いつもとは違う新たな視点で意見をもらっています。仲間からも学びながら，よりよいものを生み出そうとしていることがわかります。対話的で深い学びの一例です。

こうした姿は，生徒が授業の中で造形的な見方・考え方を働かせるようにすることを通して身につくものです。**このような学びの姿が自然に生まれるようにするためにはどうしたらよいかを考え，授業改善を進めましょう。**

2 題材を「自分ごと」として捉えさせる

> **ポイント**
> 1 自らの意思で表現させる
> 2 やる意義や価値があると感じ取れるようにする
> 3 材料や技法そのものに魅力を感じさせる

1 自らの意思で表現させる

　よく実践されている「ポスター」の授業。しかし残念ながら，確かにポスターらしいけれども，伝えようとする内容が浅く感じられるものもあります。きめ細かな指導計画を立てながら，授業を進めていけば，それなりのものはできるでしょう。しかし，それだけでは不十分です。生徒自身が本気でポスターを通して「こんな風にして，こんなことを伝えたい」という思いをもち，強く「自分ごと」として表現に取り組めば，学びは深まります。生徒が授業で示された課題に応えるだけではなく，ポスターとして「伝える」ことを「自分ごと」として，本気で取り組むような題材設定なり，動機づけの工夫をすることが極めて重要です。

　また，よく見かける「上靴を描く」というような題

第1章　生徒の意欲づけがもっとうまくなる4の技

材があります。デッサンの基本的な技術を身につけさせるために，指導上，都合がよいからという理由で取り組ませることが多いようです。私もそうしていた時期がありました。しかし上靴に限らず，生徒自身が「ぜひこれを描きたい」と思って描いたものならば，生徒はもてる力を大いに発揮することになるでしょう。生徒が描きたいものを自宅などから持ってきての授業になりますから，指導方法の工夫や配慮も必要になります。それでも生徒が本気でデッサンに取り組む姿を見てしまえば，もう強制的に上靴を描かせる授業には戻れなくなるはずです。

　生徒が，**教師から与えられた題材に「課題」として取り組むのではなく，題材を「自分ごと」として捉え，自らの意思で表現したいと思う**ような授業をつくりたいものです。ですから，教師の「題材の設定」と「題材の提示」の場面は極めて重要になってきます。

2　やる意義や価値があると感じ取れるようにする

　題材そのものを工夫していきましょう。「やってみたい」，あるいは，「やる価値がありそうだ」など，題材が生徒のものになるような提案になっていれば，彼らはときに驚くような力を発揮します。題材は非常に重要です。生徒の可能性を信じて，彼らの意欲をかきたてるような題材を考えていきましょう。「教科書題材」も大いに参考にしましょう。

3　材料や技法そのものに魅力を感じさせる

　「照明」をつくる授業でのことです。最初に美術室を暗くし，光や様々な材料を使って，様々な実験をする時間をつくりました。生徒たちから，感動の声があちらこちらで起こりました。そのような中で，光を扱うことを楽しみ，光への興味・関心が高まり，様々なアイディアが湧いてきます。このような経験そのものが，「照明」をつくる意欲をかきたてていきます。

3 生徒の「こうしたい！」を授業の中心にする

> **ポイント**
> 1 選択場面を豊富に用意し，生徒が思考・判断する機会を増やす
> 2 「試し」の中から「こうしたい！」が生まれるようにする

1 選択場面を豊富に用意し，生徒が思考・判断する機会を増やす

　表現は，無数の選択を重ねる行為によって成り立っています。どの画材にしようか，テーマはどうしようか，この色はどうだろうか，どちらの方法が向いているだろうか，これで完成にしようか…など，本当に小さな選択から大きな選択まで無数にあります。その選択は表現者の価値基準によってなされていきます。この価値基準が美術の見方・考え方と言えるでしょう。**無数の「選択」を通して生徒の中に「こうしたい！」という強い意志が生まれてきます。強い意思をもったときに，学びの質は飛躍的に向上します。**

　ですから，生徒がより主体的に取り組む授業にしたいとき，真っ先におすすめしたいのが「選択場面」を増やすということです。

　右の写真の中の作品は，1つの授業か

第1章　生徒の意欲づけがもっとうまくなる4の技

ら生まれたものです。3年生が卒業制作の中で「自分の存在証明」というテーマのもと，表現方法を自分で選択して，つくりあげたものです。言ってみれば「自由」ですが，正確に言うと，自分の決めたテーマをもとに，これまで学んできたものや，ぜひ取り組んでみたい表現方法を各自が「選択」したものです。選択できるようにするのは画材だけにとどまりません。具体例を示します。

・主題の選択〜今を生きる自分・こうありたい自分
・主題を生み出す発想方法の選択〜直感・作文・質問紙法・ワークシート
・表現の手順の選択〜表現方法を先に決めるか，主題を先に決めるか
・制作の時間の使い方の選択〜各時間に，何をどこまで進めるか
・制作場所の選択〜基本は教室の座席だが，表現方法によって場所を選択

2　「試し」の中から「こうしたい！」が生まれるようにする

　授業では様々な材料や用具を使って表現します。それらを，自分のイメージに合わせて使うだけではなく，**試してみるという場を取り入れると表現の幅が広がり，自分の中に「こうしたい！」という意思や見通しが生まれてきます**。照明をつくる題材などはこの試しが命みたいなものです。

　右の写真は宿泊研修で心動かされた場面を身近な素材，紙を使って表現したものです。生徒たちは，紙を様々な方法で加工することを試しながら，自分の表したい感じをつかんでいきました。様々な試しの中で，自分が「こうしたい」ことが生まれてきます。

4 導入で意欲を引き出す

ポイント

1 導入で生徒の心を動かす
2 生徒の前に立つ教師の望ましい表情や態度を考える

1 導入で生徒の心を動かす

　導入で生徒の心を捉えると題材そのものへの生徒の意欲が違ってきます。生徒の心を動かす導入を工夫したいものです。授業の目標から，どのような導入が望ましいのか，生徒の興味・関心から考えます。以下に例をあげます。

❶疑問を投げかける

　「絵は才能で決まるの？　絵心がないって本当？　じゃ，試してみよう」など，生徒の問題意識や固定観念をゆさぶって興味をもたせます。

❷素材の魅力で惹きつける

　素材を試す時間を導入とします。例えば「照明」をつくる授業などではこの遊びともいえる「試し」の場で様々な発想が湧いてきます。

❸題材の目標をもとに，題材に取り組む価値を感じ取らせる

　題材に取り組む意義や価値を，プレゼンソフトなどで視覚的に伝えます。

❹取り組む題材の前に，関連する作品の鑑賞をし，興味をもたせる

　鑑賞だけで独立したものとして取り組みます。表現の途中で参考作品として見せる鑑賞とは意味が違います。

　導入の時間は，題材にもよりますが，生徒が「長い」と感じたら，それは

心を動かすということからすると，反省しなくてはなりません。

さて，導入が成功して「さあ，やるぞ！」と思ったときに「描き方・つくり方」の説明が続けば，いつしかその気持ちがしぼんでしまうこともあります。そうならないために，題材に取り組む前に，その方法だけを取り上げて単独で題材化し，あらかじめ取り組んでおくこともできます。

下の画像は，卒業制作題材「自分の存在証明」の導入のプレゼン画面の一部です（前ページの導入の例❸）。プレゼンを通して，卒業制作に取り組むことがいかに価値あることなのか，様々な作品などを紹介しながら伝えます。生徒自身が題材の意義をしっかり捉えて卒業制作に取り組めるようにするための1時間です。ですから，このプレゼンは特別です。スーツを着て深々とお辞儀をしてから授業開始です。

2　生徒の前に立つ教師の望ましい表情や態度を考える

生徒の前に立つときは，表情，しぐさ，声のトーンや大きさなど生徒を惹きつける方法を工夫します。日頃から，生徒が教師の話に集中できないのは自分の責任であることを自覚し，他者からも学びながら，改善を進めましょう。

Column

授業改善「今，やる気がない人はいますか？」

　授業改善のためには，生徒に授業の感想を直接聞くのはよい方法です。

　例えば，私は次のようなことをしてきました。

　授業の途中，教室の生徒全員に向かって「今，やる気が出ていない人はいますか？」とか「今，やる気が出なくて困っている人はいませんか？」などと聞きます。

　できるだけ明るく，やわらかい雰囲気で尋ねるようにしました。もちろん，そのことで成績が下がるようなことはないことを補足します。

　これを初めて行ったときは，ドキドキしました。一斉に手があがったらどうしよう？などと想像するとちょっぴり怖さを感じたのを覚えています。実際には，多数の生徒が挙手するということは起こらなかったのですが，数割の生徒が手をあげたこともありました。手をあげてもらった生徒からゆっくりと理由を聞いたり，どうしてやる気が出ないか一緒に考えたり…そこから学ぶことはとても大きいものがありました。

　生徒の話を聞きながらの授業改善は，リアルタイムで自分の授業のあり方について考えることになりますので，本当に勉強になります。

　ときには，やる気が出ない理由の中に，授業とは直接関係のない不安や悩みがあったこともありました。生徒は，それを口にすることで，安心することもあると思います。改めて，目の前の生徒たちは日々，いろいろなことを考え，感じ，今を生きているのだと実感したりもしました。こうした実感は，題材や授業の目標を考えるときに，非常に役に立ちます。

　生徒に聞いてみる。これはおすすめの方法です。

　いきなり生徒に聞くのはドキドキするという方は，授業の後に書かせる「振り返り」などから読み取ることから始めるのもよいでしょう。

　それから，もっと大事なことがあります。それは日頃，授業の中で，生徒の表情やしぐさ，つぶやきなどから，生徒の頭や心の中で何が起きているのかを把握する力をつけることです。

第2章

指導計画の立て方が
もっとうまくなる7の技

5 3年間を見通した計画を立てる

> **ポイント**
>
> 1 教科の目標から3年間の計画を立てる
> 2 演繹的なプロセス・帰納的なプロセスの両面から力をつけさせる
> 3 学びのつながりを重視する

1 教科の目標から3年間の計画を立てる

　3年間の美術教育を通して，生徒たちにどのような力や心を育てるかが大切なのであって，上手に作品がつくれるようになったとか，名画に関することに詳しくなったなどということが目標ではないことは言うまでもありません。

　学習指導要領に示された教科の目標こそが，3年間の学びの姿の到達目標です。このような視点を基本として，その目標到達のための具体的な手立てとして各題材を構成しながら指導計画を作成します（p.32「11 卒業期の生徒の学びの姿をもとに，3年間の指導計画を見直す」参照）。

　そのときにどのようなことに留意すべきかが，「中学校学習指導要領（平成29年告示）解説・美術編」の第4章「指導計画の作成と内容の取扱い」に書かれています。そこを基本としましょう。

2 演繹的なプロセス・帰納的なプロセスの両面から力をつけさせる

　例えば色彩の「色味」「明るさ」「鮮やかさ」などの知識は，一度重点的に学習する場面を設定し，その後，学んだことを表現や鑑賞の中で繰り返し扱

う中で身につけていくことで，理解が深まっていきます。いわば，重点的に学んだことを具体的場面に当てはめていくという演繹的なプロセスです。

　一方，重点的に知識を獲得する場では，帰納的なプロセスを意識すると効果的です。例えば「色彩は様々な感情をもたらす」ものだという知識をそれまでの題材で繰り返し扱ったことから導き出すというものです。具体的な経験から迫ることで，実感的な理解につながっていきます。

　指導計画の立案にあたっては，この演繹的なプロセス・帰納的なプロセスの両面から適した方法を考えましょう。例えば「共通事項」を重点的に取り扱う場合，具体的にどの学年のどの段階で取り扱うかを配置し，その上で各題材の中で触れていくということになっていきます。

3　学びのつながりを重視する

　かつて，中学校美術の年間指導計画の表現領域では，絵画・彫塑（彫刻）・デザイン・工芸の4分野をバランスよく配置することが求められていました。そのような考え方では，絵画分野ならば絵画を制作するためだけの指導という閉じられた傾向が色濃く出ていました。しかも，技能面の指導に偏りがちでした。しかし，2017年改訂の学習指導要領でも示されたように，現在の美術科では，各学年の発達の特性を踏まえて資質・能力を育成していくことが求められています。ここで大切にしたいのが，分野同士の「学びをつなげていく」という視点に立った指導計画の作成です。

　また，学びがつながっていることを実感するために，1年間の節目，節目に，これまで何を学んできたかを「振り返る場」を設定することも重要です。美術科では絵や彫刻，デザインや工芸という各分野，各題材でそれぞれ学んでいきますが，それら全体を通して共通する学びを考えるということです。もちろん，その中に「共通事項」も含まれます。この「振り返る場」を通して「なるほど！」「そうだったのか！」という実感が生徒に生まれ，学びがより確かなものになっていきます。メタ認知力が高まることにもなります。

6 教科書を積極的に活用する

> **ポイント**
> 1 指導計画は，教科書とその指導書を参考につくっていく
> 2 生徒が教科書を活用できるようになるための指導をする
> 3 教科書を使いながら，教科の目標について理解させる

1 指導計画は，教科書とその指導書を参考につくっていく

　教科書は学習指導要領に沿って，美術の授業実践や美術教育の研究成果を踏まえて，つくられています。つまり「学習指導要領に示されている教科の目標を達成する上では，具体的に，このような指導が考えられます」という提案と言ってよいでしょう。しかし，ご存じのとおり，教科書にある題材全てに取り組むわけにはいきません。教科書を使う教師が，地域や生徒の実態を踏まえた上で，数ある題材から望ましいものを選びながら，年間指導計画を立案します。

　私自身も教科書の編集委員の仕事をしているのでわかりますが，教科書は膨大な時間を重ねてつくられています。現時点で考えらえる中学校美術授業の望ましい具体的な実践例として捉えるとよいでしょう。教科書で扱う題材はもちろん，使用する図版や文章も徹底して吟味しています。また，各題材は，基本的には実際の授業を通して検証されたものを掲載しています。ですから，指導書にある指導案や指導資料も大いに参考になります。もちろん年間指導計画も提案されています。

　なお，現在の中学校美術の教科書会社は，開隆堂出版，日本文教出版，光

第2章　指導計画の立て方がもっとうまくなる7の技

村図書出版（五十音順）の3社です。この3社の教科書を比較することをおすすめします。また各社のWEBサイトにも膨大な情報が掲載されており，参考になる情報が多数含まれています。3社に共通しているものを見つけ出し，その根拠を類推するのも，非常に勉強になります。

2　生徒が教科書を活用できるようになるための指導をする

　授業開きの教科オリエンテーションの中で，美術の授業は，数学や理科といった5教科のように，教科書に沿って進んでいくものではないことを確認します。最初の授業は，美術の教科書を見ながら，美術という教科を俯瞰できるような時間にしましょう。その中で，具体的に取り組む題材や関連する題材について示すとともに，巻末の資料編の活用の仕方などを指導しましょう。同時に，必要なときに教科書を自分で活用するように，生徒に提案します。制作の場面で，生徒が手をとめ，ふと自ら教科書を開き，活用するようになるのは，望ましい姿です。

3　教科書を使いながら，教科の目標について理解させる

　教科書は，題材を中心に構成されています。一見すると授業で具体的に何を描き，つくるのかの見本と捉えてしまいがちです。しかし，各題材を資質・能力の育成の視点から捉えると，一見無関係に思える違うページの題材同士に共通点が見えてきます。新年度の教科オリエンテーションや学期の節目に，学習指導要領の教科の目標の観点から教科書全体を俯瞰させましょう。そうすることで，美術の目標は上手に作品をつくるということではなく，描いたり，つくったり，見たりする活動を通して資質・能力を高めていくことなのだということを理解させやすくなります。

　このオリエンテーションでの指導では，各教科書会社が教科書の編集方針について説明している資料がありますので，これを活用するとよいでしょう。

7 学年の特質を捉える

> ## ポイント
> 1 その学年だからできること，やるべきことを捉えて題材を設定する
> 2 思春期の子どもたちのために望ましい題材を手渡す

1 その学年だからできること，やるべきことを捉えて題材を設定する

当たり前のことですが，入学したての1年生と卒業を前にした3年生では，肉体的にも精神的にも大きく違います。学年が進むにつれて論理的な思考力が高まり，ものの見方・考え方も広がるとともに深まりも見せ，社会の捉え方も広がっていきます。例えば2，3年生が美術で見せる様相として，1年生と比べて，絵や彫刻での自己表現においては精神性が高まったり，デザイン分野においては論理的な思考力が十分に発揮されたり，工芸分野においては伝統のよさを感じ取る感性が高まってきたりします。

こうした**中学生の発達を捉えながら，その学年だからできること，その学年だからやるべきことを捉えて題材を設定しましょう**。資質・能力も学年が進むにしたがって高まっていきます。ですから，年間指導計画は学年ごとの1年間の流れをそれぞれ単独につくるのではなく，学年の縦のつながりを踏まえながら計画する必要があります。

2 思春期の子どもたちのために望ましい題材を手渡す

自画像などは，各学年で取り組まれていますが，学年が違えば，その精神

発達の視点から考えると主題は大きく違ってくるでしょう。その学年の特性を踏まえた題材設定が重要です。

例えば，２年生の頃は反抗期と言われる時期でもありますが，原因は様々です。それを自我の芽生えや理想と現実のギャップから価値葛藤をしているあらわれと捉えることもできます。世間では中２病などと揶揄されるような子どもたちもいて，傷ついていることもあるでしょう。こうした時期に，肯定的な部分を引き出すような題材を設定することには価値があります。人は誰しも幸せになりたいと思っています。そのような視点に立って，**夢や理想を考えられるような題材**を設定したいものです。

３年生後期にもなると，大きな行事や部活動が終わって，進路選択も迫られます。いわば，中学生なりに自分を見つめ，これからを考える時期でもあります。中には，自分に自信がもてない生徒もいるでしょう。そのような中で美術の時間は，これまでの自分を振り返りながら充実感が得られたり，辛い中でも未来への希望や夢を考えられたりする時間にしたいものです。**生徒自身が，取り組むことに意義や価値を感じることのできる題材が望まれます。**

右下の写真は，卒業制作の作品です。作者は「目の前にある光を追いかけて，新たな自分をつかみ，蝶のように羽ばたいていこうとする場面です。今度は自分の力でしっかり羽ばたいていけたらという思いが込められています」とコメントしています。作者にとって未来を考える大切な時間でした。教師から手渡された題材を生徒一人ひとりが「自分ごと」として捉えられるようにしたいものです。そして，美術の時間が生徒にとって「よりよく生きることを考える」場になれば，それは美術教育の醍醐味となるでしょう。

8 「つなげる」視点で学びの内容を広げ,深める

> **ポイント**
> 1 一見つながらないように見えるものを,学びの視点でつなげる
> 2 幼児期や小学校での学びをつなげる

1 一見つながらないように見えるものを,学びの視点でつなげる

　「人の顔の描き方」「鉛筆デッサンのポイント」「人体像づくりのコツ」といったことは,それぞれ独立して指導するのが一般的かもしれません。しかし,これらのように別々のことと思えるものをつなげて考えると,学びが広がり豊かになります。例えば,図1の4枚の写真は,それぞれ全く違う内容を学んでいるようですが,「『全体と部分の関係』や『比例』から形を捉える」という点でつながります。例えば,鉛筆デッサンの授業のときに「レタリングのときのことを思い出してください。形を捉えるときに…」という風に,学びをつなげていくのです。

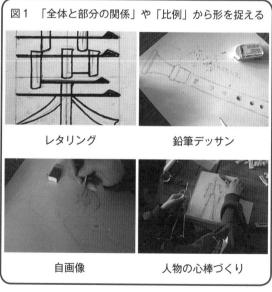

図1 「全体と部分の関係」や「比例」から形を捉える

レタリング　　　鉛筆デッサン

自画像　　　人物の心棒づくり

また，図2の4枚の写真に共通することは，「美しい形を生み出す」という視点です。例えば，生徒に「レタリングをするときに形を美しく描いてきましたが，それは同時に『美しい形』の1つの典型を学んだとも言えます。その形をつくったときの力を発揮させると，

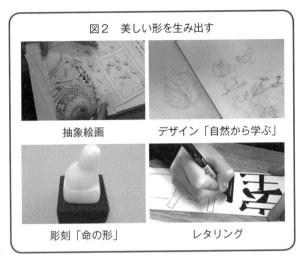

今の形がより美しくなるかもしれません」と投げかけると，生徒の意識が変わります。一見バラバラに思えることをつなげながら，本質的なことを捉える力も生徒につけさせたいものです。この考え方で指導を進めると，一度重点的に指導した考え方は，その後は短時間で触れればすむようになります。

2　幼児期や小学校での学びをつなげる

　入学したての頃は，描くことに強い苦手意識をもった生徒や，自分には才能がないと決めつけている生徒がいます。そんなときは，小さな子どもたちの絵がなぐりがき（スクリブル）から頭足人に発達していくプロセスを紹介します。人間にはそのような力を獲得していく能力が備わっていて，そうした「学び」は乳幼児期から今まで続いているということを伝えます。

　また，小学校の図画工作での学びをつなげるのも有効です。例えば，描画材の使い方の指導のときに，クレヨンやパス，色鉛筆なども，重色やぼかしの技法を用いて使えることを紹介すると，生徒たちは新鮮な視点でその画材を捉え直します。また，モダンテクニックで表現の幅を広げるとき，図画工作の内容を想起させると，学びはより広がります。

9 美術と他教科をつなげる

ポイント

1 他教科とつなげ，学びを豊かにしていく
2 美術の学びを他教科や特別活動で発揮できる指導計画を立てる
3 他教科と一緒に題材を共同開発する

1 他教科とつなげ，学びを豊かにしていく

一見つながらないように見える他教科の学びにも，美術という視点で見るとたくさんの関連が見つかります。例えば，形の美しさについて考えるとき，数学で学ぶ放物線などは「数式で表せる美しさ」と捉えることもできます。こうしたことは大々的に題材として扱わなくても，授業の中で簡単に関連を示すだけで生徒の意識も変わります。ですから，**全教科の教科書に目を通しながら，関連づけられることを探してみましょう**。他教科の先生に，美術で学んでいる内容を，授業の中で軽くつなげていただくようお願いするのも有効です。これを**日常的にやっていく**と効果的です。

2 美術の学びを他教科や特別活動で発揮できる指導計画を立てる

美術は他教科ととてもつながりやすい教科です。指導計画立案の際，次の2つの視点で意識しておくと，他教科を通して美術の学習が深められます。

❶他教科の学びを美術の授業に取り入れる

国語では美術を題材とした単元があったり，歴史では美術作品が必ず扱わ

れていたりします。これらと美術の学びをつなげることの意味は大きいです。

❷美術の学びを他教科に生かす

美術で学んだ力を他教科で生かすことも重要です。そうすることで美術の学びを豊かにしていきます。これには，他教科の先生との連携が重要になります。

右上の写真は，総合的な学習の時間の体験学習での振り返りです。ケント紙を提供し，美術で学んだ構成（レイアウト）についての学びの成果を発揮する場としました。

左の写真は，国語科で取り組んだ好きな言葉や

大切な言葉の紹介と，技術科で取り組んだ卒業に向けての思いのまとめです。このように，美術科での学びを他教科につなげてもらったわけです。

3　他教科と一緒に題材を共同開発する

教科横断的な題材を設定すると，美術という教科のもっているよさが他教科と連携することによって一層発揮されることになります。題材を共同開発した例として「照明」づくりがあります。器具は技術科で，シェードは美術科で。明確に分けたことで，それぞれの教科でなければできないことにじっくり取り組めました。

10 題材への配当時間に
メリハリをつける

ポイント

1　1年生で学ぶ内容を厳選し，時間がかからない方法を取り入れる
2　じっくり取り組む・気軽に楽しむ，両方の題材を意図的に配置する

1　1年生で学ぶ内容を厳選し，時間がかからない方法を取り入れる

　限られた時間数で教育を充実させるために，時間配分にはみなさんも非常に頭を悩ませているのではないでしょうか。そこで，1年生では，長時間の題材は控えて広く学び，2，3年生につなげるようにするという考え方ができます。

　しかし，一方で，深く追求するからこそ得られる学びを実感させたいこともあるでしょう。限られた時間で学びを充実させるには，作品を小さくすることが早道でしょう。規格サイズにとらわれる必要はありません。また，時間がかかりがちな着彩では，表現のねらいによっては固形透明水彩絵の具や色鉛筆など（併用も含む）気軽に扱えるものも取り入れるのもよいでしょう。

2　じっくり取り組む・気軽に楽しむ，両方の題材を意図的に配置する

　美術には様々な楽しみがあります。短時間で気軽に楽しむ題材やとことん追求していくような題材，その両方を楽しめるようにしましょう。絵の例で考えてみます。大人でも，「絵を描くのが苦手」「絵心がない」「才能がない」などという理由から一切絵を描かない人もいます。もったいないことです。

第2章　指導計画の立て方がもっとうまくなる7の技

話したり，文を書いたりするように絵を描いたら，コミュニケーションの幅も広がりますし，絵だからこそ伝わることもあります。また，ちょっとしたアイディアを絵にして考えるということもあります。もちろん，楽しみとして描くことも，人生を豊かにしていくものになるでしょう。

　絵を描く力をつけるためには，じっくり描くことの面白さを味わえる題材と，描くことが楽しいと感じられる題材の両方のバランスが大切になってきます。下の例では，鉛筆デッサンの直後に淡彩スケッチに取り組んでいます。指導する教師の雰囲気も指導方法もガラリと変えています。

じっくり形を捉えていく「鉛筆デッサン」

イメージや雰囲気を大切に，気軽に楽しみながら1時間で数枚描く「淡彩スケッチ」

11 卒業期の生徒の学びの姿をもとに，3年間の指導計画を見直す

ポイント

1 義務教育最後の題材として「卒業制作」を設定する
2 卒業期に，生徒が3年間の美術を通した学びを振り返る場をつくる
3 卒業期の鑑賞活動から，これまでの3年間の指導計画を見直す

1 義務教育最後の題材として「卒業制作」を設定する

　授業をよりよいものにしていくために，3年生で「卒業制作」を設定することを強くおすすめします。単に卒業の記念となる制作ではなく，**生徒たちがこれまで学んできた力を存分に発揮できるようなもの**にしましょう。具体的には，中学校最後の題材は，生徒一人ひとりがこれまで学んできたことを振り返り，自分が表現したいテーマをもとに，表現方法も生徒自身が選択し，自分の立てた計画のもとに作品をつくりあげるというものです。

　義務教育の最終段階でこのような集大成となる作品をつくるという体験は，生徒にとってこれからを生きていく上で貴重なものになるでしょう。

　教師にとっても，卒業制作に取り組む生徒の姿を見ながら，自身が3年間積み上げてきた授業がどうであったかを振り返る機会となります。

　この「卒業制作での学びの姿」から行う授業改善は非常に有効です。題材単位ではなく，3年間の指導計画全体を俯瞰して，卒業までに身につけさせたい力を考えることになるからです。

　なお，卒業制作を導入するにあたって，留意事項があります。それは指導者がこれまで，どちらかというと成果物である作品を中心として美術教育を

進めてきた場合，当然のことながら，卒業制作では教師による指導場面は減りますので，作品の完成度が低くなったという捉え方をしがちなことです。ここではやはり教科の目標に照らして，成果物の完成度ではなく，生徒の学びの姿から捉えるという決意が必要です。

卒業制作に取り組む生徒の姿が，自分の教育の成果であると捉えてよいと思います。

2 卒業期に，生徒が3年間の美術を通した学びを振り返る場をつくる

卒業期に，生徒にとって3年間の美術の授業全体を通した学びについて振り返る場をつくりましょう。作文などの方法がよいでしょう。生徒にとっては，美術の授業はどのような時間で，どのような力が身についたかを自分に問うことになります。これまでの美術の時間を通して身についた力を実感する場にもなります。また，生徒個々の振り返りを全体で共有すれば，生徒自身がそこで新たな発見をすることもあります。これは，授業改善のための非常に有効な資料にもなります。1，2年生の学年末でも，同様の振り返りをすると，次年度の授業改善に即，反映できます。なお，この振り返りの内容を他校の先生と交流するのもよいでしょう。振り返りには，教師が日頃指導していることが反映されやすいので，自分の指導の特徴も見えてきます。

3 卒業期の鑑賞活動から，これまでの3年間の指導計画を見直す

卒業期に，生徒に「私の大好きな1点」として，自分の選んだ作品と選んだ根拠を紹介し合う鑑賞活動を設定します。授業で扱った作品だけではなく，生活の中で出会った作品から選んでもよいこととしておくことで，美術のもっている広がりも実感することができます。この授業では生徒の興味・関心はもちろん，生徒の価値観や美意識があらわれ，それから先の題材設定の参考になります。

Column

若者の声を聴く仕事

「美術の授業が楽しい，面白い」そのように生徒も教師も実感しながらの授業ができれば，どんなに素晴らしいでしょう。では，どうすればそうなるかという答えがあれば，いいのですが…。授業は生徒との関係性においてつくられていくものですから，一概には言えません。それでも私なりに１つだけ，経験則として授業が面白くなるための考え方をもっています。

それは，教師が生徒に「題材」を提案するときに，このような提案をしたら「生徒一人ひとりはいったい何を感じ，どう表現するだろう？」と本気で思える題材を設定するということです。そうした思いでつくっている授業は面白くなります。

目の前の「若者」（「生徒」と言うとどうしても指導の対象という要素が強くなりますので「若者」と捉えます）に，例えばどんなことを大切に感じているのか，今，何を考えているのか，投げかけた問題に対して一体どんな解決策を見せてくれるのか，などと本気で思うことです。そう思って，学びの場を提供するということです。もっと簡単に言うと，教師が生徒に対し「君なら，どうする？」と本気で問いかけるということです。この問いが生徒にうまく届いたならば，生徒は試行錯誤しながらも自分としての答えを探し出していきます。中学生は思春期なので難しい時期でもあります。反抗したりもします。でも，そうなるのは「こんなはずじゃない」とか「本当は，こうであってほしい」という思いがあるからこそではないでしょうか？　そうした誰の中にでもある「よりよく生きたい」という思いを信じ，彼らの心や価値観を揺さぶるような題材を提案するのです。美術の時間を生徒が「よりよく生きる」ことを考える時間にするのです。

こうした授業では教師も生徒も，一人ひとりがどのような表現や鑑賞をするだろうかとワクワクします。生徒同士が互いの表現や鑑賞に興味をもちます。「なるほど！」「へー」で包まれる，対話的で，深い学びの時間。豊かな表情のもと教室は共感や感心に包まれます。教師は「若者の声を聴く仕事」でもあるのだと思います。

第3章
学習規律づくりが
もっと
うまくなる4の技

12 授業を成立させるための 「指示」を見直す

ポイント

1 教師の出した指示は必ず通す
2 生徒の姿から「指示」のあり方の改善を図る
3 簡潔に指示する

1 教師の出した指示は必ず通す

　美術の授業に限らず，教師の指示が生徒に通らなければ，授業が成立しません。教師の指示が通らなければ，指導どころか，生徒が好き勝手にしてしまうというような状況になるでしょう。

　指示が通らなくなる典型的な要因は，生徒と出会って間もない頃に，教師自身が，指示したことを通さないことです。例えば，「では，教科書20ページを開いてください」と指示したにもかかわらず，その指示に従わず，ぼんやりしていたり，横の生徒と話していたりしても，それを教師の方が「数人で目立たないから，まあ，いいか」などと判断して，次の段階に進むことです。これは，教師の指示は聞かなくてもよいと教えているようなものです。ですから「教科書20ページを開いてください」と指示したら，それを全員ができていることを確認することが大切です。また，できていない生徒を頭ごなしにとがめるのではなく，優しく確認することが基本です。

　同じように，生徒の活動を中断させる指示で「静かにして，こちらを向いてください」などと言うときは，やはり全員が静かにして，全員がこちらを向くのを確認しましょう。

第3章　学習規律づくりがもっとうまくなる4の技

　一番よくないのは，それを確認せず，次の指示をしてしまうことです。

　指示した内容が，本当に大切なものかどうか，説明は簡潔でわかりやすいか，ということももちろん大事です。しかし，そもそも，どの生徒にも確かな指導をすると考えたならば，何はともあれ一度教師が指示したことは，必ず，全員に徹底をさせることが大切です。

　美術の授業で扱う材料や用具には，使い方を間違うと危険なものもあります。生徒への**指示が確実に通る状態ができてこそ，確実な安全指導が可能**になります。

2　生徒の姿から「指示」のあり方の改善を図る

　授業を成立させるために指示を通すことは重要ですが，よくないパターンは「生徒になめられてはいけない」と思い，強い口調で指示することです。それは，力で統制することにもなります。一番望ましいのは，普通に話して，指示が通るという関係をつくることです。

　指示をすぐに行動に移せない生徒は，少し待ってみたり，もう一度指示をしたりしましょう。たいていは，このようなことで指示をきちんと聞いてくれるようになります。**指示は少なめで，いつも笑顔で和やかな表情で接したい**ものです。教師の笑顔は生徒のよさを発見することから生まれてきます。

3　簡潔に指示する

　授業中の指示は少なく，簡潔にしましょう。よくないのは，一度に多数の指示をしたり，一度出した指示につけ足しをしたりすることです。生徒の側に立てば，指示の内容は簡潔でわかりやすいことが大切です。指示の内容そのものも，十分吟味しましょう。その際，自身の授業を動画や音声で記録すると役に立ちます。なお，指示の多い授業は，思考力や判断力を弱めたり，主体的に学ぼうとする態度を弱めたりもしますので，気をつけましょう。

13 授業の質を大きく左右する 「説明」を見直す

ポイント

1 授業を成立させるために簡潔でわかりやすい「説明」をする
2 生徒の姿から「説明」のあり方の改善を図る
3 説明しないほうがよいこともあると心得る

1 授業を成立させるために簡潔でわかりやすい「説明」をする

授業で説明した後，たくさん質問が出てきたり，理解不足のためか，生徒の活動に戸惑いが見られたり，再度説明をしなければならなかったりしたことはありませんか。美術の授業は，表現にせよ，鑑賞にせよ，生徒の活動が中心の教科です。さらに，主体的・対話的で深い学びを実現させていくために，その「活動のための説明」が非常に重要になってきます。

例えば，授業の中でグループワークをするにしても，まず必要なのが，的確な説明です。

この説明する力を磨くためにも，説明するための準備をその都度しっかりとしておきましょう。簡潔で，わかりやすい説明が必要です。話だけではなく，必要に応じて，印刷物，板書なども活用しましょう。プレゼンテーションソフトなどを使った説明もよいでしょう。

2 生徒の姿から「説明」のあり方の改善を図る

「先生の説明が長い」と言われた場合，「大切なことだから仕方がない」と

第3章　学習規律づくりがもっとうまくなる4の技

考えるのか，「どうして，生徒はそう感じたのか」と考えるのかによって，指導のあり方が変わってきます。

　長いと感じられた段階で「説明」の内容は生徒に届きにくくなっています。説明の適切さが，生徒の活動を大きく左右します。誰にでもわかり，伝わりやすい説明になっているか，見直してみましょう。

　授業後には，必要なことを簡潔にわかりやすく説明していたか点検してみましょう。説明の内容の他にも話し方（スピードや声の大きさ），表情なども合わせて検討しましょう。

3　説明しないほうがよいこともあると心得る

　生徒が感じたり，考えたり，気がついたりするようなことを先取りした説明をしては，学ぶ喜びを奪うことになります。

　これは，本当に気をつけたいことです。どのような手順で，何をどうして，このようなことに気をつけて，ポイントはこれで，このようにしたらこうなる，というようにゴールまでの道筋を丁寧に説明する授業を時々見かけることがあります。これは，先生が生徒につくらせたい作品はどのようにしたらできるかということを説明しているようなものです。

　幼児教育では，「先生が子どもの遊びをとってしまう」という言葉を聞くことがあります。遊びを通して子どもは様々な発見をして，試行錯誤しながら自分なりに遊びを楽しもうとしているところに，先生が提案してしまうことで，子どもが感じたり考えたりする成長の機会を奪ってしまうという意味です。

　美術の授業の中で，そのようなことは起きていないでしょうか。**過剰な説明は禁物です。「指示待ち人間」という言葉が生まれてきたのは，大人がよかれと思って指導してきた結果だと思います。**

　説明の内容は慎重に決める必要があります。因果関係を言ってしまう説明や発想を狭める説明で，**考える機会を奪わない**ように特に気をつけましょう。

14 生徒との合意形成をはかる

ポイント

1 授業のルールは最小限にとどめる
2 学習規律は学びを豊かにするものだと実感させる

1 授業のルールは最小限にとどめる

授業開きなどで説明する「授業のルール」。これは最小限にとどめ，あくまで指導の中で望ましい姿を実現できるよう努めましょう。ルールは学校全体で取り組むものと教科独自のものがありますので，分けて考えましょう。

❶学校全体で取り組むルール

学校全体のルールは「授業開き」などで最初に指導すると思いますが，型通りの指導ではなく，美術科の目標に照らして，ルールは生徒が楽しく豊かに学べるようにするために存在しているということを理解させましょう。

ただし，ルールの説明が長いと感じさせるのはよくありません。「授業開き」では簡潔に説明する程度で，あとは具体的な指導場面を通して，定着させていきましょう。その際，望ましい場面を評価しながら指導する方が効果的です。例えば「全員が真剣に話を聞いてくれるので，私は嬉しいです。こういうクラスでは互いに気持ちよく授業が進められますね」「今の挨拶，感じいいなあ。楽しい気持ちでスタートしましたね」といった声かけをします。

❷教科独自のルール

生徒に対する理想や願いまでも授業のルールとして「～しよう」のような形で提示してしまうと，ルールは守らなくてもよいと指導していることにも

なりかねません。「積極的な態度で取り組もう」などをルールにしないことです。それは授業づくりを通して実現させていくものです。

美術の授業のルールには、特に大切な「安全指導」をはじめ、日々の授業を支える教室の使い方、準備や後片付けのルールなどがあります。こういったものの中から必要なものを吟味し、最小限にとどめます。ルールは一度の説明では定着しにくいものなので、繰り返しの指導も必要になります。

2 学習規律は学びを豊かにするものだと実感させる

左の写真は卒業制作の一場面です。つくるものも大きさもその時間にやることも生徒一人ひとり違います。その中で互いに相談しながら、制作を進めています。授業規律が定着していてこそできることです。

「主体的・対話的で深い学び」は、学習規律ができていることが前提になります。しかし、それは教師の権力のもとにルールを決めて成り立つものではありません。あくまで学習規律は、生徒と合意形成をはかりながらつくっていくものです。

その規律をつくるためには、具体的な場面を通した意図的・継続的な指導が必要です。望ましい場面を繰り返し評価し、「学習規律ができているからこそ、自由な発想で仲間と学び合い、高め合う授業ができる」ということを実感させることが大切です。次第に、教師が大きな声を出すこともなく、穏やかな雰囲気の中で、主体的・対話的に学ぶ生徒の様子が見えてくるでしょう。なお、左上写真の場面では１つ配慮したことがあります。対話で発想が広がることもありますが、静かな環境で制作したい生徒もいるということです。ですから、時々生徒と相談して、話をしない静かな場面もつくっています。

15 作品完成までの時間差に対応する

ポイント

1 生徒自身が作品完成の判断をすることの大切さを理解させる
2 時間内に完成できない場合の授業時間外の使い方を明確にしておく
3 早く完成した場合の活動メニューを決めておき，選択させる

1 生徒自身が作品完成の判断をすることの大切さを理解させる

「先生，完成しました！」という一言が，授業の早い段階に出てきた場合，時間が余ります。しかし，この「完成しました」という言葉の意味は「自信作です。先生見てください」「完成にするかどうか，ちょっと迷うけど，先生の意見も聞いてみよう」「やっと，終わった。早く片付けたい」「授業の終わりの時間が来たからこれで完成にしよう」…など，様々です。

しかし，どの場面であっても，表現において「完成」の判断は作者自身がすべきものです。もし，安易な気持ちで終わらせる生徒の姿があるならば，それはその生徒にとってそのような授業であったということです。教師の指導改善に生かしましょう。

教師が生徒の持ってきた作品を見ながら助言し，さらに追求させるという方法もあります。教師にそう言われれば，生徒は思い直してまた表現に取り組むでしょう。事実，私もそうした方法をとっていたことがあります。しかし，それは美術表現を通して身につけるべき「思考力・判断力」を育てるという意味では，表現において最も難しい「完成」の判断を教師が奪ってしまうことにもなるかもしれません。「完成の判断」は生徒自身がすべきことな

第3章　学習規律づくりがもっとうまくなる4の技

のです。この「完成の判断」を「希望進路先の決定」「人生の選択肢での様々な決定」場面と置き換えて考えるとわかりやすいです。「完成の判断」を生徒自身ですることの意味や価値についてよく理解させる指導は大切です。比較的長時間の題材の中で，具体的な場面で指導すると効果的です。

なお，「完成の判断に迷ったら，相談に来てください」「完成前に一度作品から離れてみて，作品全体を見ましょう」などの言葉をかけて，最後までよりよいものを目指すための方法も完成前に示しましょう。

2　時間内に完成できない場合の授業時間外の使い方を明確にしておく

授業時間内で完成しなかった場合，どの時間で取り組むのか，具体的な方法を示しておきましょう。昼休みや放課後を使って美術室や指定された教室で取り組む，自宅に持ち帰って取り組むなどの方法が考えられます。

3　早く完成した場合の活動メニューを決めておき，選択させる

完成して時間が余った場合は，いくつかのメニューを用意しておきます。以下に例を示します。

❶もう一度，同じ題材で，小型版や簡略版を制作する。
❷美術室の「画集」「本」などを読む。
❸身のまわりのものをスケッチする。あるいは模写する。

そのため，色々な大きさの小さい紙や簡単に使える描画材を用意しておきましょう（p.130「50　複製画や，生徒が気軽に描いたものをどんどん展示する」ポイント2参照）。

Column

これからの時代とデザイン

　中学校美術で扱う「デザイン」の分野は，まさに美術を身近に考えることに最適なものです。何しろ，身のまわりにある全ての人工物は，誰かが意図や目的をもってデザインした結果，生まれてきたわけですから。衣服や書籍，文房具，電気製品，乗り物など各種製品，建築物など。その色や形にはつくった人々の意図や願いが込められています。

　わかりやすい例としてユニバーサルデザインがありますが，時代はさらに進んでいます。「Qドラム」の紹介で有名になった『世界を変えるデザイン―DESIGN FOR THE OTHER 90%』や『なぜデザインが必要なのか―WHY DESIGN NOW?』（いずれも英治出版）では，デザインは様々な問題を解決しながら「未来をつくる」ものであることが示されています。従来のデザインは美しい見た目をつくるという狭い意味で使われてきましたが，「デザイン思考」という言葉に見られるように，デザインは問題解決の手段として捉えられるようになってきました。このようなことを，義務教育で学ばせる意義は非常に大きいでしょう。これから迎える「Society 5.0」に向けて，様々な問題をどう解決し，どう未来をつくっていくのか。中学生の授業ではこうした本質を踏まえながら，身近な問題を解決するデザインの学習が望まれます。

　文部科学省「Society 5.0 に向けた人材育成 ～社会が変わる，学びが変わる～」（2018年）にも，新たな社会を牽引する人材の育成のためにアート・デザインが果たす役割がいかに大きいかが示されています。以下に一部紹介します（太字は筆者）。

　「課題解決を指向するエンジニアリング，デザイン的発想に加えて，真理や美の追究を指向するサイエンス，アート的発想の両方を併せ持つ必要がある。これらの資質・能力に加えて，多くの人を巻き込み引っ張っていくための社会的スキルとリーダーシップが不可欠となろう。新たな価値を創造するリーダーであればこそ，他者を思いやり，多様性を尊重し，持続可能な社会を志向する倫理観，価値観が一層重要となる」

　未来，そして今，中学生が抱えている様々な問題。不安なこともたくさんあります。そんな中で問題解決としてのデザインを学ぶことを通して，中学生たちは夢や希望をもつことになるでしょう。

第**4**章

主体的な学びを
生み出すことが
もっとうまくなる12の技

16 美術で生み出される多様性の面白さを実感させる

> **ポイント**
> 1 同一の材料や用具で様々な表現をし，シェアする
> 2 同一テーマの作品を比較鑑賞する

1 同一の材料や用具で様々な表現をし，シェアする

　下の写真は，全員同じ材料や用具を使い，色で感情を表すというワークです。絵の具だけで多様な表現が可能であることを実感的に理解します。1人3枚以上つくり，それを並べる（シェアする）と圧巻です。
　また，ペンだけで色々な模様を描く，照明づくりの前に光で色々な効果を試してみる，など，同一の材料や用具で様々な表現をし，シェアすることで答えが1つではない美術の面白さを実感し，発想も豊かになっていきます。

第4章　主体的な学びを生み出すことがもっとうまくなる12の技

　下の写真は，秋田県大仙市立西仙北中学校の田中真二朗先生の授業「1枚の紙から100のテクスチャー」（表現と鑑賞で2時間）によるものです。コピー用紙1枚という全員同じ素材に，切る・折る・丸めるなどの加工を施し，様々な様子に変身させます。用いる材料が同じでも，一人ひとり全く違う作品ができあがります。美術には様々な表現があって，それぞれの答えが違い，それをみんなで学び合う，そのような面白さを実感できる授業です。

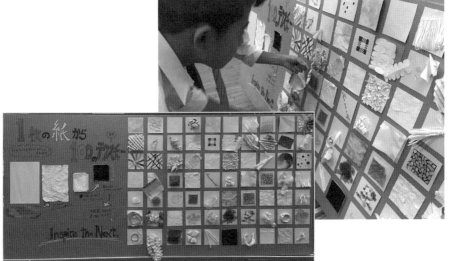

2　同一テーマの作品を比較鑑賞する

　違う作家や異なる文化の中で生まれた作品を，同一テーマで比較して鑑賞することで，美術の面白さを実感させることができます。なお，提示するテーマは，ねらいによって様々に考えられます。

・**教師が提示する**
　自画像・風景画・ピカソやゴッホの自画像・世界の文様・カップなど
・**生徒が選択する（この場合，生徒の美意識や価値観が出て興味深い）**
　君が生活の中で見つけた美しい色・君にとっての美しさ・文房具など

17 「見て描く力」は努力で 高められることを実感させる

> **ポイント**
> 1 画家のスケッチの痕跡の意味を考えさせる
> 2 見て描いているときの頭の中を解説する

1 画家のスケッチの痕跡の意味を考えさせる

　「見て描く力」は，美術表現の上では大切な力のうちの1つです。しかし，生徒が自分は「見て描く力」が弱いと思ったまま卒業してしまえば，「絵心」や「才能」がないと思い込んでしまうかもしれません。そうならないようにするために，「見て描く力」は才能で決められるものではないということを認識してもらう授業をします。

　美術の授業で生徒がスケッチに取り組んでしばらくしてから画家の素描を観察する授業です。手元にはこれまで自分が描いたスケッチがあります。ダ・ヴィンチやミケランジェロ，ピカソなどの描いた素描を，次の3つの観点で分析的に見ていきます。

❶描き直した線

　天才と呼ばれる画家の作品もよく見ると線を間違ったりして，書き直していることを理解させることで，素描を少し身近に感じ取ることができるようにさせます。

（例）「みなさん，描いていて間違いに気づけば気づくほど，ラッキーですからね。だってそこを直せばよくなりますから」「画家はね，間違った線を描

第4章　主体的な学びを生み出すことがもっとうまくなる12の技

いても気にしないで描いていくんですよ，それが当たり前ですから。いちいち失敗したとか，間違ったとか思って気にしていたら絵など描けないです」「みなさんも何かの力を身につけたいときに，失敗を気にせず，どんどん取り組んで力をつけてきた経験のある人もいると思います」

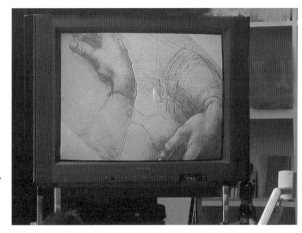

描き直した線の残る画家のデッサンを拡大して提示

❷形を捉えるための補助線

　素描をよく見ると直線などの補助線を引いていることがあります。実際には存在しない線なのですが，その補助線を描いた意味を考えさせます。
（例）「みなさん，よく顔の絵に十字の線とかが描いてあるのを見たことがありませんか？　実はあの線があるとすごく描きやすくなるからなんです」

❸線の強弱

　素描を見ながら，薄い線と濃い線（弱めに描いている線と力を入れて描いている線）の両方を使っているのはなぜかを考えさせます。
（例）「みなさんは，線を描いていて，それが納得いかずに，消しゴムで消したりしたことがあると思います。実はこの絵では消しゴムは使われていません。大まかな形を薄い線で描いてから，修正を加えながら描いているのです。修正しながら形を捉えていくという考え方です。形が決まったら強い線で描いています」

　もちろん線の強弱は表現方法として重要な意味もありますが，ここでは形を探りながら捉えていくときの薄い線という意味で解説しています。

049

2　見て描いているときの頭の中を解説する

「見て描く」ことは，苦手意識をもっている生徒にとっては抵抗感のあるものですから，努力によってできるようになるという話もしましょう。以下は私が生徒に伝えていることです。

・全世界の子どもの絵は同じ道を辿って発達する（右図・子どもの絵の発達過程）。

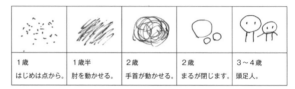

・「見て描く力」は才能ではなく，努力によって高まる。「絵心がない」という言葉があるが，その言葉が妨げになって描こうとする気持ちにブレーキをかけてしまうだけ。

・ものを見て形の違いがわかるならば，見て描くことはできる。

さらに，スケッチにあたって以下のような話をしています。

> 人間は文字をもつ前から，すでに絵を描いていました。みなさんも幼児のときから絵を描いてきました。それは，必要であり，面白いからです。反面，絵がヘタとか，才能がないとか，絵心がないとかそんな風に言われ絵から遠ざかってしまう人もいたりします。もったいないことです。中学校に入学した今，もう一度，素直に絵を描き，その面白さを再発見しましょう。絵を描く面白さにもいろいろあります。見て描く，想像して描く，思い出して描く。特に，小さな頃は記憶したことを描くことが中心でした。客観的にものごとを捉えられる年齢になった今，見て描く面白さがよくわかってきます。さらに描く力をつけ，それに慣れておくと，これからの表現の幅を広げることもできます。他の表現がより楽しくなっていきます。

ここで，過去の生徒のスケッチをもとに，「見て描く」とは具体的にどのようなことかを分析して説明します（なお，これは見て描くことの「練習」

として描いたスケッチを扱います。例えば「春を描いてみよう」など主題をもとにしたスケッチでは，主題に即した評価の言葉が必要です）。生徒の描いたものや描いている場面をテレビモニターに映し出して解説します。

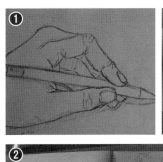 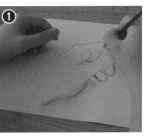

❶のスケッチでは，大まかに形を捉えてから，細かい部分へ描き進んでいます。また，形が1回描いた線では決まらず，何度も描き直しています（ダ・ヴィンチやミケランジェロのスケッチを参照します）。

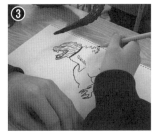 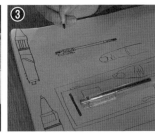

❷のスケッチは，形を探るようにして線を描き進めています。その結果，輪郭の線は1本にはなりません（セザンヌのスケッチを参照します）。

❸のスケッチは，細かな部分も見落とすまいとして，1本1本の線を，よく観察しながらゆっくりていねいに描いています。

なお，私の場合は，このような指導の後は「見て描く絵」も多様であることを伝えています。マチスの，形を単純化したスケッチや，葛飾北斎の，形の特徴を捉えながらも印象を大切にして描いているもの，円山応挙の写生図のように1つのものを様々な角度から描いているものなども紹介します。

18 材料や用具は，表現の前にまずは触って試してみる

> **ポイント**
> 1 材料や用具の特性を生かした表現の際は，まずは試し，シェアする
> 2 「試す」活動の効果的なタイミングを考える

1 材料や用具の特性を生かした表現の際は，まずは試し，シェアする

　初めての材料に触れるとき，ついついその特性について教師が詳しく説明をしてしまいがちです。安全である限りは，まずはそれに触れさせましょう。生徒が材料を色々試しながらその特性をおよそ理解したところで，その特性についてわかったことや疑問点を全体でシェアします。こうすると知識として獲得されます。その後表現活動に入っていくのです。この流れだと，材料の特性を理解した上での表現が可能になるので表現の幅は広がります。

　上の写真の作品は，樹脂粘土でつくっています。最初に樹脂粘土の特性を理解させるために，樹脂粘土の塊を手渡しました。生徒は，触れているうちに，面白がって色々な形をつくり始めます。こうして特性を理解しながら，この粘土ならこんな表現ができそうだという発想も湧いてきます。つくるものが決まってから初めて樹脂粘土に触れるのでは，その特性を生かした発想にはなりにくいのです。

材料だけではなく用具でも,「試す」ことを通して特性をつかむことができます。例えば,面相筆を初めて使う場合,どのくらい細い線で描けるか,どのくらい長い線を描けるかなど,遊びながら試すことで特性をつかむことができます。成果を出した人の方法を全体にシェアすると,一気に面相筆に慣れてしまいます。その後,筆で小さな絵を描いてみたりします。

説明されて知識を得るよりも,実際に試しながら得る知識の方がより身につきます。それは**探究的な態度**へもつながっていきます。

2　「試す」活動の効果的なタイミングを考える

「試す」活動をどのタイミングで行うと効果的か,次に例をあげます。

❶題材名を提示してから,板の上で材料を試します。右の写真の下部の板は,ステンドグラス風の作品ができる塗料の特性をつかむための試し板です。

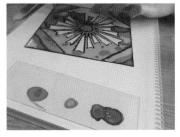

❷題材の前に,別の題材として材料や用具を試す活動をしておきます。題材の直前に設定しても,離れた時期や前の学年で設定してもよいでしょう。

下写真左は,アクリル絵の具の特性を生かした,2年生の表現の題材です。右は1年生「表現方法」の学習ですが,下塗りはアクリル絵の具で行っています。これが2年生のアクリル絵の具を使う題材の「試し」になっています。

19 想像することの面白さを実感させる

> **ポイント**
> 1 多数の作品鑑賞を通して,想像して描く絵の面白さを実感させる
> 2 想像することのよさや面白さを実感できる題材を設定する

1 多数の作品鑑賞を通して,想像して描く絵の面白さを実感させる

　絵の大きな魅力の1つは,現実にはないものを実際にあるように目の前で具体的な形にすることができることです。そうすることで,その想像したことを他の人と共有することができます。

　その想像する面白さを味わわせるために,多数の作品を鑑賞できるようにします。生徒たちがたくさん触れてきたはずの絵本の鑑賞から始めると,「懐かしい！」「あ,知ってる！」という声とともに和やかな雰囲気で鑑賞が始まります。シュルレアリスムの画家の作品もSFやファンタジーの映画もゲームの画面も科学的知見に基づく未来の世界も「想像の絵」です。その想像の絵の面白さを実感させましょう。この絵本の鑑賞は,想像の絵を描く授業の前に設定することを想定しています。

　ここで,いくつかおすすめの絵本を紹介します。

- 『そらまめくんのベッド』（作・絵：なかやみわ，福音館書店）
- 『はらぺこあおむし』（作・絵：エリック・カール，訳：もりひさし，偕成社）
- 『ちいさいおうち』（作・絵：バージニア・リー・バートン，訳：石井桃子，岩波書店）

2 想像することのよさや面白さを実感できる題材を設定する

　想像の絵の魅力は，頭に思い描いたものを絵にできることですが，そのよさを最大限に味わえるような題材を設定しましょう。

　人類は理想や夢を思い描きながら発展してきました。その原動力の1つが想像力です。私は**夢や理想**など実際には見えない，**本人の内面の世界を想像して描くことが，思春期の中学生にとって，価値あること**だと考えています。このことを生徒にうまく提案すると，生徒は題材を「自分ごと」として捉え，意欲的に表現します。私の場合は「自分にとって価値あることを絵にして，伝え合おう」という題材を，2年生で設定しました。自分にとって価値あることについて改めて考え，内面の世界を，言語以外の方法で他者に知ってもらうという美術ならではの面白さを実感することを目指しました（p.82「30 作品への思いや表現意図を生徒に尋ねる」参照）。

20 デザインや工芸の 面白さに気づかせる

ポイント

1 教科書を活用しながら気づかせる
2 鑑賞を通して実感させる
3 刃物と木を使ったものづくり体験を通して日本文化を感じさせる

1 教科書を活用しながら気づかせる

デザインと一口に言っても非常に広範囲です。日常生活で使っている文房具や生活用品，服，本，家具，工業製品，さらに大きなものとしては建築，都市そのものなど。また，工芸の世界は，国宝から，地域ならではのもの，長い伝統のあるもの，民芸的なものなど，様々です。

こうした幅広い範囲のものを俯瞰してみるためには，教科書を活用することが非常に有効です。

また，これからの急激な時代の変化にあって，どんどん変わっていくものも，変わらないものもあるでしょう。

生活の中に溢れるさまざまなもの，それらをつくった人々の思いや考え方に触れ，社会や他者との関わりを考えていくことで，美術の果たす役割の大きさを実感させていきましょう。

2 鑑賞を通して実感させる

デザインや工芸を対象とした作品鑑賞は，実際に手に触れながらそのよさ

や美しさ，つくり手の意図や工夫を捉えていく面白さがあります。
　このような，実際に手に触れながら鑑賞できる特質を最大限に発揮するため，グループでの鑑賞を取り入れます。4人のグループが望ましいでしょう。
　授業は2回で構成します。1回目は，教師の用意した作品をもとにして鑑賞します。2回目は，生徒自身が気になるもの，気に入っているもの，好きなものなどを持ち寄って交流します。自分がなぜその作品を選んだか，そしてそのよさはどこにあるのか，感じたり考えたり調べたりしたことをもとに説明します。こうしてデザイン，工芸をより身近に感じながら面白さに気づいていきます。
　なお，デザインや工芸などの鑑賞については調べ学習と親和性が高いこともあり，学びの発展が期待できます。文房具メーカーなど各メーカーのWEBサイトも参考になります。しかし，調べることを最初に行うと，探求的な鑑賞態度が弱まり，調べたことをもとに，実際にそうなっているかどうかを確かめる確認作業にとどまってしまいがちなので注意が必要です。

3　刃物と木を使ったものづくり体験を通して日本文化を感じさせる

　工芸では様々な材料が使われていますが，木は代表的なものの1つです。木と刃物を使ったものづくりを通して，木を彫るときの音や感触，加工する面白さ，木のもっている温もりなどについて心からそのよさを味わえば，工芸に向かう気持ちも変わってくるでしょう。伝統文化だから，国宝だから「大切にしましょう」というのと生徒自らが「大切にしたい」と思うのでは随分と違います。工芸のよさを感じ取る上で木と刃物は有効な資源と言えます。

21 美しい色彩を生み出すことに興味をもたせる

> **ポイント**
> 1 色彩のもたらすイメージの違いを楽しむ活動で理解させる
> 2 色彩に関する理論に興味をもたせる

1 色彩のもたらすイメージの違いを楽しむ活動で理解させる

最初の色彩の授業は楽しく。何しろ生活に直結していますから話題の切り口は様々です。

例えば，色彩の授業の導入で「私（山崎）のイメージは色にするとこれです！」と言って配色カードでパステルカラーを示

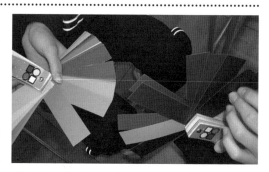

します。教室に笑いが起きます。そこで，生徒に山崎のイメージをつくらせるわけです。生徒は，ニヤニヤしながらダークトーン，ダルトーンをつくったりします。ここから今度は生徒同士で配色カードを使って，イメージに合わせて色の組み合わせを考える正解のないクイズを始めます。

その後，色立体と出会わせます。すぐに色彩理論を教えるよりも，色については，科学的な法則があるということを直感的に理解させることを重視します。そして以下の2点を生徒が実感してくれることを目標とします。
❶色について学ぶことはとても面白い。
❷色について勉強をすれば，美しい色使いができそう。

第4章　主体的な学びを生み出すことがもっとうまくなる12の技

2　色彩に関する理論に興味をもたせる

　生涯教育の視点から考えると，色彩にはさまざまな理論があり，それを活用するとよいということを実感できることを第一にしましょう。

　「カラーコーディネーター」という資格があることや「日本色彩研究所」という存在があること，さらに「色彩」に関する本がたくさんあることを知っていることが大切です。ＷＥＢサイトで言えば，「色彩検定協会」「日本色彩研究所」のサイトはぜひ紹介し，可能であれば，その場でアクセスしてみるのもよいでしょう。インターネットの情報は豊富ですが，信頼性の高いものを教師の方で紹介しておくのも大切なことです。

　色彩というのは，「センス」などというもので捉えられがちです。しかしそうではなく，色や色彩には科学があって，色に数字を対応させたり，理論をもとに色をグループ化したりすることができるのです。そうしたことに興味をもたせることこそ重視すべきでしょう。

　美術室には「配色カード」，「色相環」，「色立体」，「色彩に関する図書」を置いておき，生徒がいつでも使えるようにしておきましょう。それは「共通事項」の考え方で，様々な場で何度も扱い，学びを広げ深めていくためです。

　なお，色についての学習は，生活とのつながりと考えるには非常にわかりやすいものです。衣食住，すべてに関わります。衣食住で一切色彩を考えなかったらどうなるかを想像させる授業も非常に面白いものになります。

※配色について

　配色の考え方には様々なものがありますが，右のように単純化して指導するとわかりやすいです。

・生徒への説明例

　「色をまとめるときは感覚だけで行う方法もありますが，まず配色の方針を決めてからやると取り組みやすいです。似たような色でまとめるか（類似），違った感じの色でまとめる（対照）かを考えることから始めるのです」

・類似

・対照（アクセント・コントラスト）

・グラデーション

22 美しい形を生み出すことに興味をもたせる

> **ポイント**
> 1　レタリングなどの指導を通して美しい形について考えさせる
> 2　形の美しさにもさまざまなものがあることを実感させる

1　レタリングなどの指導を通して美しい形について考えさせる

　最初にお断りが必要です。レタリングの授業は，レタリングの基本書体を学び，レタリングをする力をつけるためのものではありません。

　美術におけるさまざまな「学び」を身につけるために設定しているものです（p.26「8 「つなげる」視点で学びの内容を広げ，深める」参照）。

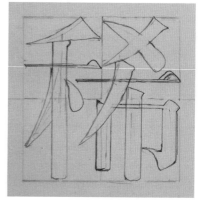

　さて，この明朝体を美しく描こうとしたら，なめらかな曲線を描けなければなりません。しかもカーブの種類もさまざまです。この見事な曲線は活字が生まれた頃から，多くの無名のデザイナーの方々が，ひたすら読みやすく美しいものを追求してきたからできてきたものです。少しでも歪むと，美しくなりません。生徒がこのように活字をつくりあげた方々の追体験をするような形で，より深い学びへ向かうようにしましょう。

　レタリングを通して美しい形をつくるという学びは，他の表現活動で生か

すことができます。例えば，シャープな線や滑らかな曲線が必要な表現のときや鑑賞のときに，レタリングのことを思い出してもらうのです。そうすればそれで生徒の意識は変わります。「スイッチ・オン」という感じです。これが，学びを「つなぐ」ということです。

　もちろん，曲線にもさまざまなものがあります。自然界のもの，人工的なもの，数式であらわせるものなど多種多様です。次に示す，さまざまな形の美しさへの理解も，こうした実体験があってこそのことなのです。

2　形の美しさにもさまざまなものがあることを実感させる

　黄金比もあれば，美しい曲線を描くためのベジェ曲線，あるいは，自然の中にある複雑な形。美しい形と言っても実にさまざまです。抽象画で言えば，ジャクソン・ポロックのようなものもあればカンディンスキーのようなものもあります。

　それぞれにさまざまな美しさがあることは，実は生徒にも当たり前のこととして感じ取られています。例えば絵本で有名なエリック・カールとディック・ブルーナの違いを例にするとわかりやすいです。そうしたさまざまな美しさの違いや，人が美しいと感じるものが違うことの面白さ，それらを「美意識」という言葉と共に中学生に考えさせることは，とても大切なことでしょう。

　「美意識」「価値観」の違いは時代や国，地域，育った環境など，さまざまなことの影響にもよるということを，教師から投げかけることも非常に重要だと思います。人はそれぞれ違っているからこそ面白い，多様な感じ方や考え方があるから世の中は面白い，と実感させたいものです。

　社会（地理）の授業と連動して触れると面白いです。数分の話でもいいので，ぜひやってみてください。

23 発想力を高める
思考の仕方を実感させる

> **ポイント**
> 1 よいアイデアを生み出す方法を，事例を通して理解させる
> 2 題材を通して拡散思考と収束思考を意識させる

1 よいアイデアを生み出す方法を，事例を通して理解させる

　1つの工業製品が完成するプロセスを，生徒に資料などで見せていきます。多数のアイディアが出された上で，いくつかに絞り込まれ，絞られたものをさらによりよいものにし，最終的に1つの製品が完成するという一般的なプロセスを理解させます。そのプロセスを2つの段階に分け，そのときの思考の仕方の例を下の表で紹介します。

よりよいものを生みだすプロセス	思考の仕方		
①多数のアイディアを出す	広げる	発想	拡散思考
②絞ったアイディアをよりよくする	深める	構想	収束思考

　これをもとに，これまでの美術の時間でも，このようなプロセスで発想してきたということに気づかせます（帰納法）。

　そして，今後は意図的にこの思考をすることでより力が高まるということを伝えます（演繹法）。

　この学習を通して，アイディアは突然ひらめくこともあるが，多くは，こうしたプロセスのもと，生み出していくものであるということを知っていきます。

2　題材を通して拡散思考と収束思考を意識させる

　２年生で，鉛筆だけで描く「鉛筆による抽象絵画～動きのある美しい画面」に取り組むのですが，ここでの指導のねらいの中に「拡散思考と収束思考」の仕方を意識して使えるようにすることを設定しています。

　まず，ワークシート①を用いてとにかくできるだけ多くのアイディアを出します（拡散思考）。次に，ワークシート②では，ワークシート①の中で気に入ったものを選んだり，いくつかを組み合わせたりして，その形をよりよいものにしていきます（収束思考）。この段階では構図（画面構成）も考えていきます。

　この題材を通し，生徒は，アイディアは思考の仕方を意識することでも生まれてくるのだということを実感します。これは美術だけではなく，生きていく中のさまざまな場で生かせることを説明します。

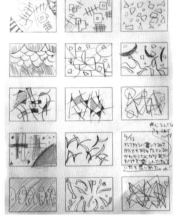

ワークシート①（拡散思考）

作品例（他の作品例は「誌上ギャラリー」(p.135)に）

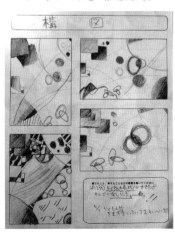

ワークシート②（収束思考）

24 美術の時間を通して よりよく生きることについて考えさせる

> **ポイント**
> 1 自分の思いや考えを表す題材で,美意識や価値観,哲学を形成する
> 2 卒業制作で,よりよく生きることについて考える場をつくる

1 自分の思いや考えを表す題材で,美意識や価値観,哲学を形成する

「美術による人間教育」という考え方があります。美術の時間は生徒自身が自分に向き合いよりよく生きることを考える時間でもあるということです。思春期の彼らにとっても貴重な時間になります。特に「自分の思いや考えを表したり,伝えたりする題材」に取り組むときは,「哲学の時間」とも言えるでしょう。

また同時に美術の時間は,美意識や価値観の形成ともつながります。こうした点から,題材設定と生徒が主題を生み出していく過程やその振り返りが非常に大切になってきます。以下に実際の授業と生徒作品を紹介します。

■ 2年生（3時間）「今年の目標」

2年生になった頃は,誰もが新しい気持ちで何事にも前向きに取り組もうとしています。そのときの前向きな気持ちを大切にし,題材化したのが「今年の目標」（12cm角の塩化ビニール板にステンドグラス風の作品ができる塗料で描く）です。右写真の作品をつくった生徒は,自

第4章　主体的な学びを生み出すことがもっとうまくなる12の技

分のこれまでを振り返り，「何があってもいろいろ決められる人になりたい。そして正しい判断ができる人になりたい。いいこと悪いことの判断を自分でできる人になりたい」という目標から「決断力のある人に」という主題の作品を生み出しました。これらの作品は窓に隙間なく

並べて展示します。そうすることで生徒一人ひとりの今年の目標が学年全体で一体となった共同制作のようにも感じ取れるようにします。ステンドグラスの美しい光が生徒の前向きな気持ちとともに校内に溢れます。

　このように，自分の思いや考えを表す題材に何度も取り組むことで，生徒の中に美意識や価値観，哲学が育っていきます。

　自分の思いや考えをストレートに表す題材として，他に次のようなものがあります。
■2年生（7時間）「自分にとって価値あることを絵にして，伝え合おう」
■3年生（5時間）「人の心を動かす形」

　実際の作品を，「誌上ギャラリー」（p.134，137）に掲載しました。生徒の書いた作品の解説も展示しました。作品と解説から，生徒の内面が育っていることを読み取っていただけることと思います。解説は題材に取り組んだ「振り返り」でもあります。

2　卒業制作で,よりよく生きることについて考える場をつくる

　12時間かけて行う題材「卒業制作～自分の存在証明」は,授業のスタイルそのものが非常に重要な意味をもっています。導入の1時間の後の11時間の使い方は,生徒に手渡しています。存在証明の制作過程そのものが「非常に重要な学び」です。それは**自分にとって何が大切かを考え,自分で問いをつくり出し,その問いに答えるべく自分の意思決定の上で表現に取り組む**ということです。その姿に3年間の美術教育の成果が出てくるのです。**つまり,美術科としての「生きる力」は義務教育の終わり頃までにどこまで育っているのかを,この12時間の姿から捉える**ということです。生徒にとってはこれまでの学びを生かして自己を発揮する場になります。

■3年生（12時間）「卒業制作～自分の存在証明」

第4章　主体的な学びを生み出すことがもっとうまくなる12の技

「自分の存在証明」に取り組みながら，自分のこれまでとこれからを考える時間になっています。

同世代の他の生徒たちが何を表現しているのかを感じつつ，自分について考える時間。誠実に取り組む姿を見ていると，この題材はぜひ全国の中学生に取り組んでほしいなと思います。

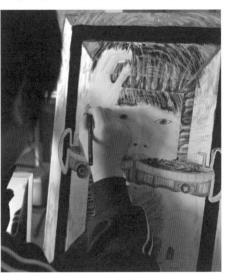

25 美術が社会に
貢献していることを実感させる

> ### ポイント
> 1 人間の生活と美術の果たす役割を考えさせる
> 2 幸せや未来をつくることに貢献している美術について考えさせる

1 人間の生活と美術の果たす役割を考えさせる

　教科書の美術史年表の中から，人が生活することに関連するものを選び出し，なぜこのような形のものをつくってきたのか，現在のものと比較させながら，その色や形の意味を想像させます。年表から選び出したものをいくつかピックアップしてグループで考え，シェアするという方法をとります。なお，この学習の前に教科書の中のデザイン・工芸のページとも関連させながら生徒たちの考える視点を広げたり，深めたりしておくことで，思考の内容も深まるでしょう（p.56「20 デザインや工芸の面白さに気づかせる」参照）。デザインや工芸をもとに美術の役割を考える切り口は，中学校学習指導要領（平成29年告示）美術編のＡ表現（1）イ，Ｂ鑑賞（1）ア（イ）及びイに示されています。また。それらが美術の教科書で具体的に示されています。

　その他に，次のような切り口を例としてあげておきます。しかし，押さえておかなければならないのは，これらはあくまで切り口であり，これら自体を学ばせることが目的になってはいけないということです。

・歴史学習の中で人間がつくったものについて学ぶ意図は？

・グッドデザイン賞〜暮らしや社会をよりよくするために

・産業革命とデザイン

第4章　主体的な学びを生み出すことがもっとうまくなる12の技

・日々の暮らしと道具～工芸
・民芸という考え方が生まれた背景
・ユニバーサルデザインという考え方が登場してきた理由
・ＵＩ（ユーザーインタフェイス）デザイン
・地域のデザインや工芸
・デザイナーとエンジニア
・『世界を変えるデザイン～DESIGN FOR THE OTHER 90％』（英治出版）

　美術の時間に「平面構成」という名で，膨大な時間を費やしポスターカラーで色塗りをしている例がいまだに見受けられます。限られた授業時間です。やがて未来を担う中学生には美術を通してもっと学ぶべき大切なことがあります。**地域社会や日本，世界のこれからのためにも美術の果たす役割や想像力・創造力などの能力の大切さについて考える時間を手渡したいものです。**

2　幸せや未来をつくることに貢献している美術について考えさせる

　具体物をもとにした鑑賞は，p.56「20　デザインや工芸の面白さに気づかせる」で述べましたが，今度はその発展として，社会において「美術」を通して幸せや未来をつくることに貢献しているものについて生徒が調べ，考える場を設定します。デザインや工芸を中心としつつも，他分野でも社会で幸せや未来をつくることに貢献しているものを取り上げてもよいでしょう。生徒の考える「幸せや未来のために」という視点を最重要と考えましょう。

　なお，WEB サイト「GOOD DESIGN AWARD」（http://www.g-mark.org/）で取り上げられているコンテンツは，このような授業をつくる上で役に立つでしょう。持ち寄られた候補をもとにグループで審査している審査会の様子は，授業をつくるヒントになりますし，「グッドデザイン賞」の大賞選出会におけるプレゼンや応募方法の説明は，デザインについての「見方・考え方」を深めるために有効です。ただし，このような説明をするのは，論理的な思考力が高まってきている３年生になってからが効果的です。

26 自分の表現意図に応じて
描画材を選択できる力をつける

ポイント

1 透明水彩絵の具のよさを味わい，楽しめるようにする
2 アクリル絵の具のよさを味わい，楽しめるようにする
3 自分の表現意図に応じて描画材を選び，併用できるようにする

1 透明水彩絵の具のよさを味わい，楽しめるようにする

　小学校で使用してきた水彩絵の具は，透明と不透明の中間的な性質で様々な表現意図に対応できますが，パレットに絵の具を並べてから使うという手間がかかります。生涯教育の視点から考えると，水彩絵の具をもっと身近に感じる固形透明水彩絵の具の使用がよいと考えます。なお，固形透明水彩絵の具は高価なので，チューブに入った透明水彩絵の具をパレットに固めて使います。パレットを開いたら，水さえあればすぐ描き始められます。固形透明水彩絵の具を本格的に使うのはやや難しさもありますが，気軽に使うには最適です。パレットに色が出ているため，混色や重色もどんどんするようになります。粘土や紙を使った造形でも，気軽に絵の具を使うようになります。

2 アクリル絵の具のよさを味わい，楽しめるようにする

　西洋の名画はほとんど油彩で描かれてきました。生徒も油彩の体験をしていれば，作品を鑑賞するときの味わいも違うでしょう。

　アクリル絵の具を使って油彩用の筆で描く体験は有意義です。油彩で行う

地塗りをアクリル絵の具でも同様にさせてみましょう。ただし，これを個人持ちの絵の具で行うと絵の具がすぐに無くなりますので，共同制作用の絵の具を使用するとよいでしょう。地塗りをしてから描くと，色を重ねていく面白さを味わったり，筆のタッチを身体で感じ取ったりするなどの経験も加わり，絵画表現の幅は大きく広がります。なお，ここではアクリル絵の具の中でもアクリルガッシュの使用をおすすめします。透明水彩絵の具と極端に違う性質をもっているからです。またポスターカラーのようなフラットな塗りも可能です（ただし，平面構成という名のもとに，ムラなくはみ出さずに色をフラットに塗るという方法は特殊だと言わざるを得ません）。私の場合は，生徒の前で実際にフラットに塗る様子を見せた後，興味のある生徒にだけ個別やグループで指導してきました。興味のある生徒はフラットに塗りたいと自ら思っているので，この技はすぐに身につきます。

3　自分の表現意図に応じて描画材を選び，併用できるようにする

生徒が自分の表現したいことや，この描画材で描いてみたいという思いのもとに，生徒自らが描画材を選んだり，併用したりして使う題材を一度は体験させましょう。描画材には色鉛筆，コンテ，パステル，チョーク，フェルトペン，カラーインクなどさまざまなものがあります。生涯教育の視点を踏まえ，義務教育の中でぜひひとも色々な描画材を体験させたいものです。

27 鑑賞の面白さを実感させる

> **ポイント**
> 1　対話による美術鑑賞で，新たな価値意識が生まれる面白さを知る
> 2　アートカードゲームで，様々な美意識，価値観の存在を実感する

1　対話による美術鑑賞で，新たな価値意識が生まれる面白さを知る

　1年生の早い段階で，クラスの仲間と共に1つの作品をじっくりと鑑賞する「対話による美術鑑賞」をすることをおすすめします。仲間と共に鑑賞するよさや面白さを早い段階で知ることで，その後の対話的な学びがしやすくなっていきます。この授業を通して鑑賞では自分なりの見方や感じ方が大切であることと，同時に，他者の見方や感じ方を知ることのよさや面白さを知り，鑑賞の楽しさを実感します。

　この主体的に鑑賞する態度がベースになることで，他の鑑賞に対しても意欲的になります。短時間でたくさん作品を鑑賞するアートカードや作家の作風を実感するための比較鑑賞，表現の授業とつなげた鑑賞であっても，後々「対話による美術鑑賞」が生きてきます。またこの「対話による美術鑑賞」は「主体的・対話的で深い学び」の1つの典型として考えることができます。

・「対話による美術鑑賞」の授業の概略

　1枚の美術作品を囲んで，作品について教師が解説するのではなく，生徒が発言していく授業です。最初は何が描かれているのか事実の確認をしていくような感じで進めますが，生徒たちのまなざしは真剣になっていきます。他者の発言から刺激を受けて自分の感じたことや考えたことを自由に発言するようになり，発言にも熱が入ってきます。作品鑑賞はさまざまな見方や感じ方があるからこそ面白いということに皆が気づいていきます。それはファシリテーションをしている教師も実感することです。このように**生徒一人ひとりが作品について自分なりの意味や価値をつくっていく**ような鑑賞を「対話による美術鑑賞」と呼んでいます。

・「対話による美術鑑賞」の授業の流れ

　鑑賞を始める前に，みんなで作品について話し合っていく授業であることを伝え，鑑賞の基本的な考え方を次のように話します。

　「美術作品には作者の思いや意味も込められていますが，それが全てではなく，見る人がさまざまな意味をつけ加えて作品が完成していきます」

　そして作品の見方や感じ方にこうでなければならないという正解はないということも加えます。その上で「見る・考える・話す・聞く」という4つのルールを示します。特に他の人の発言をしっかり聞くということは強調しましょう。発言は自由ですが，ウケ狙いの発言はしないということを補足するのもポイントです。

・ファシリテーションの方法

❶静かに作品を見る（30秒から1分くらい）

❷開かれた問いでスタート（「何が見えますか」「何が起きていますか」）

❸根拠を問う（なぜ，そう思ったのか）

❹発言をつなげる（生徒の発言同士を関連させたり，対比させたりする）

❺発言を広げたり，深めたりする（どちらなのかを意識する）

❻発言を整理する（それまでの対話内容を途中で小まとめし，何を話してきたかわかるようにする。このまとめを「共通事項」の視点で行うのもよい）
❼生徒自らの発言を待つ（指名しながら進めないことが基本。目が合って，どうですか？　というやわらかな指名はよいだろう）
❽オープンエンド（最後に作品についてのまとめはしない。ただし，生徒個々で授業の振り返りはする）

　授業のポイントは，自由に自分の考えを述べられる教師の受容的な表情と態度です。なお，対話の中で，教師が作品に対する客観的事実を伝えた方が対話が深まると判断したら，作品に関する情報を提供しましょう。

2　アートカードゲームで，様々な美意識，価値観の存在を実感する

　中学校美術の鑑賞の対象は，絵や彫刻，デザインや工芸，身のまわりの自然や生活の中のものと実に広範囲にわたっています。限られた授業時間で全てを扱っていくことは難しいのですが，たくさんの作品に親しみをもって出会う方法としてアートカードの活用があります。アートカードを使ったゲームの方法はたくさんありますが，おすすめは「国立美術館アートカード・セット」（http://www.artmuseums.go.jp/kensyu/art_card.html）の「ゲームの方法」です。イラストつきの説明でとてもわかりやすく，その説明を生徒に読ませてゲームをすることもできるほどです。なお，ゲームの終わりに，自分が気に入った作品（なければ気になった作品）を選び，理由を添えて紹介し合う場を設定します。これを通して人には多様な美意識・価値観があることに改めて気づき，その面白さがわかります。

第5章

学びの見取りが
もっと うまくなる4の技

28 生徒の姿から学びを捉える

> **ポイント**
> 1 生徒の行為から学びの様子を捉える
> 2 表情やしぐさから心情を捉える

1 生徒の行為から学びの様子を捉える

　授業のねらいの達成状況を評価する方法に，教師による観察があります。作品からだけではわからない学びが生徒の具体的な行為の中から見えてきます。さて，その観察を一歩深めて，「生徒の頭や心の中で何が起こっているのか？」という視点で生徒たちの「学び」を捉えていくことをおすすめします。教師が想定した以上の生徒のよさや可能性が見えてきたりします。ここでは「生徒の行為」から学びを捉えた例を示します。

❶生徒同士の自発的な学びの様子を捉える

　この写真は，制作中，自分の作品について，友達にアドバイスを求めている姿です。

　下描きの最初の段階で早くも他者にアドバイスを求めているところに，よいものをつくろうとする強い意志が感じられます。相互鑑賞の時間は教師の方でつくっているわけですが，こうした自発的な学び合いの姿が早い段階で生まれ

てくるような授業を目指しています。なお，このような授業中での自発的な行動が出てくるのは，授業規律ができていることが必要条件です。
❷主題を追求する行動を捉える

　この写真は，卒業制作「自分の存在証明」の一場面です。彼は授業の途中でブールデルの画集を持ってきました。画集を見る視線は，自分の作品と画集を何度も往復していました。やがて自分の腕に実際に触れ，形を確かめはじめました。自分の表したいイメージを実現するためにブールデルから学んでいると言ってもよいでしょう。こうした行為からも彼が主題を大切にしていることがよくわかります。ちなみに，この場面は表現と鑑賞が深く関連し合っている例ですが，美術室で「画集を見る」授業をしているからこその姿です。

❸行為を繰り返す様子を捉える

　この写真は，２年生「あかりをつくる」という題材での場面です。

　作者の男子生徒は，障子紙にあかりに使う絵を描いています。夕陽の感じを出そうと透明水彩絵

の具で何度も，何度も色を重ねていました。その途中，手を止めて光の効果を確かめ，さらに描き込むことを繰り返していました。この何度も繰り返す行為は主題を追求する意思から生まれています。また，横にいた生徒が，その美しさに共感していました。こうした共感は，この授業の導入時にクラス

全体でさまざまな光や材料を使ったいろいろな試しをしていたからだと考えられます。新学習指導要領では「主体的・対話的な深い学び」が大切にされていますが、そのベースとして、まずは「共感し合える感覚」が大切です。

❹試行錯誤する様子を捉える

左は、上述した題材で制作した「あかり」の特徴を伝えるプレゼンボードづくり（「誌上ギャラリー」(p.136)参照）の場面です。プレゼンボードはケント紙を台紙として、自分の作品の写真と色画用紙などを使って表現する方法をとっています。この材料と方法を用いると、短い時間でもたくさんの試行錯誤が可能です。制作中は作品を離れた位置から見ながら、全体のバランスを何度も見直し、写真や色画用紙の配置を変えたり、新たに色画用紙をつけ足したり、取ったり、納得いくまで追求していました。この行為に生徒の学びの素晴らしさが見えてきます。

❺視線と手の動きを捉える

見て描くスケッチをしているときは、生徒の視線と手の動きに注目します。

その様子をじっくり見ていると、「頭や心の動き」が見て取れます。自信のない生徒は対象をほとんど見ずに、おそるおそる描いては消しを繰り返します。この姿を見るとスケッチをするときに「下手に描きたくない」という

思いが先に立っていることがわかります。このようなときこそ「見方や考え方」を指導する非常によいタイミングです。これを、作品の結果だけを見て指導すると、それぞれの描き方の技術指導にとどまってしまいがちです。

2　表情やしぐさから心情を捉える

　生徒の「表情やしぐさ」から，その生徒のそのときの心情が見えてくることもあります。そのときの心情は完成した作品からだけではわかりません。「表情やしぐさ」から見ようとするとき，私は**生徒を「中学生」というより「若者」として捉えています**。すると，単なる指導の対象とはまた違う受け止め方ができるようになります。こうした姿勢をとると，受容的で優しい気持ちになり，生徒に共感しやすくなっていきます。

❶感情移入する表情を捉える

　この写真は，3年生「人の心を動かす形」という題材での場面です。つくっているのは，仔犬です。生徒は，思わずにこりと笑っています。こうして感情移入しながらつくる姿は，とても微笑ましいものです。生徒が作品の中に入り込んでいる素敵な姿です。

❷作品に入り込むしぐさを捉える

　この写真は，2年生「自分にとって価値あることを絵にして，伝え合おう」という題材の場面です。自分の描いた世界に入り込んでいます。思わず「宇宙旅行中？」と尋ねると笑顔が返ってきました。表情やしぐさから指導のねらい「想像することの面白さを味わう」が達成されていることがわかります。

29 机間巡視での声かけは
生徒の学びを捉えた上で行う

> **ポイント**
> 1　生徒が書いた毎時間の「授業の振り返り」をもとに声をかける
> 2　作品について指導するときは，生徒に聞いてからにする

1　生徒が書いた毎時間の「授業の振り返り」をもとに声をかける

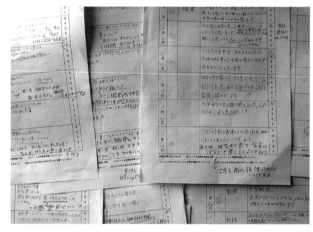

　私は，毎時間，生徒に「授業の振り返り」を書いてもらっています。そこには生徒自身が授業を通して，感じたことや考えたことが書かれています。これが，授業での生徒への声かけに非常に有効です。授業での喜びなどについて書かれているときは，生徒とそのことを口にして分かち合うとよいでしょう。生徒がよいとき，嬉しいときに共感し合えることは授業の喜びでもあります。

　「振り返り」の内容によっては授業の早い段階での励ましや具体的な支援が必要な場合もあります。その程度によって机間巡視で優先して声をかけることもあります。ただし，優先的に声をかけられることを嫌に思う生徒もい

第5章　学びの見取りがもっとうまくなる4の技

ますので配慮しましょう。

　生徒一人ひとりの思いや学びを捉えながら授業をつくっていくことは，当たり前のことですが本当に大切なことです。そのために「振り返り」を活用しながら，生徒一人ひとりにきめ細かく対応していくことが重要です。

　なお，生徒の声を聞くことは，生徒のよさを見つけるためにも極めて有効な手段です。合わせて，生徒が授業の振り返りをすることは，生徒のメタ認知力を高めることにもつながります（p.102「38　評価の資料から授業を見直す」参照）。

2　作品について指導するときは，生徒に聞いてからにする

　机間巡視のときに，生徒がつくっている作品について批評をしたり，評価の言葉をかけたりしていると思います。

　しかし，気をつけたいことがあります。それは，生徒の表現意図や思いを無視した指導の言葉です。それは生徒に響きにくいですし，そのような言葉が積み重なれば「美術って，よくわかんない」とか「結局先生の好みだよね」などと思わせることにもなりかねません。努力しても結果が認められない，自分のよいと思うものと先生がよいと思うものが違う，そうしたことが続けば，不信感をもってしまいます。

　もちろん，生徒が思ってもいなかった視点からの教師の助言で，新たな気づきを生むこともあります。基本的には，授業のねらいに沿った助言ならよいのですが，次のいずれかを踏まえて指導の言葉をかけるとよいでしょう。

❶生徒の行為や表情などから読み取った生徒の学びや心情を踏まえる。

❷まず，表現の意図や思いを生徒に聞いてみる。

❸生徒に作品から離れて見ることを勧め，生徒にどう思うかを聞いてみる。

　こうすると教師からの一方的な指導ではなく，生徒と対話をしながらの指導になりますから，内容もより適切になっていきます。生徒へのインタビューのような感覚で行うと教師にもたくさんの発見があります。

30 作品への思いや表現意図を生徒に尋ねる

> **ポイント**
> 1　作品への思いや表現意図を書いてもらう
> 2　作品への思いや表現意図をインタビューのように聞いてみる

1　作品への思いや表現意図を書いてもらう

　作品がこの世に，目の前に形としてあらわれてくるのは，そこにそれを描いたり，つくったりする人がいるからです。なんらかの思いをもって素材に働きかけたことで生まれてきたのです。その思いを共感的に理解することは美術においてとても大切なことです。

　しかし，生徒たちは思いがあっても十分作品に表現しきれないことも多いはずです。ですからそれを言葉で補ってもらうのです。ここで，いくつか作品とその思いや表現意図を書いたカードを紹介します。最初に作品のみ見た印象と，カードを読んだときでは，受け止

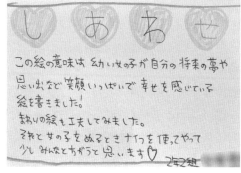

第5章　学びの見取りがもっとうまくなる4の技

め方が違ってくることでしょう。なお，ここで紹介している3点は，2年生「自分にとって価値あることを絵にして，伝え合おう」という題材のもとに生まれてきたものです。「人生観・美意識・哲学」「価値観」の話の後，互いの「価値観」を知り，自分や他者について考えてみませんか？　という導入をしました。

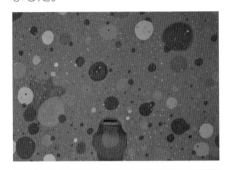

2　作品への思いや表現意図をインタビューのように聞いてみる

　作品の完成後，作品とその思いや制作中の出来事などについて，生徒にビデオカメラを向けてインタビューすると，色々なことを話してくれます。

　教師がインタビューアーとして，丁寧に対応することで，生徒は色々なことを話してくれます。しかし，これを毎回の題材の終わりに，全ての生徒にすることは難しいです。そのかわり，思いや表現意図をインタビューするような感覚で普段から生徒と関わりましょう。

31 生徒の可能性を信じる

ポイント

1　先入観をもたず，生徒のよさや可能性を信じる
2　誰だってよりよく生きたいと思っていることを土台に考える

1　先入観をもたず，生徒のよさや可能性を信じる

　「絵心がないから」「才能がないの」「センスがないんだよね」という大人の言葉，小学生や中学生も使います。さらに「どうせ，やっても…」「苦手教科だから」という言葉も聞きます。中には教師からも「うちの生徒たちには，こんな風にはできないなあ，実態が違うでしょ」という言葉を聞くこともあります。「美術」が得意というイメージは写実的な表現が得意ということが1つの判断基準になっているのではないでしょうか。子ども対象のコンクールでは写真を見て描いたであろう写実的な表現が入賞する傾向も一部にはあります。それにしても，先に出てきた大人の言葉のなんと，もったいないことか。

　この絵を見てください。初めて出会った2年生の彼は「絵を描くのは嫌だし，苦手だから」と言っていました。そんな彼が描いた，想像の絵です。「自分にとって価値あることを絵にして，伝え合おう」という題材で

す。彼は授業中に大事な車のプラモデルを持ってきて絵を描きました。その真剣な表情。彼のプライドが，車のウイングやボンネットのダクトをここまで描かせたのです。ただでさえ車は形を捉えるのが難しいのに，前輪など，やや斜めにして描いています。彼のどうしても描きたいという必要感が，こうさせたのでした。

彼は教師が生徒の「よさや可能性」を信じていくことの大切さを教えてくれました。おそらく多くの教師が美術に限らず，思ってもみなかったような力を生徒が発揮するのを体験しているはずです。それを大切にしましょう。

2 誰だってよりよく生きたいと思っていることを土台に考える

転勤して初めて出会った３年生の授業で「自己を見つめて」という自画像題材に取り組ませました。卒業を前に自己を見つめ，これからにつなげてほしいという願いがあってのことです。しかし，ある生徒はいつまでたっても描き出さなかったのです。彼と話していて，描かない理由が見えてきました。絵に対するコンプレックスもありましたが，一番の原因は彼の辛い家庭環境でした。彼は将来への展望も見えずにいたのです。その彼に対し「自己を見つめ自画像を描く」ということは過酷すぎました。彼とのやりとりをしているうちに「エーゲ海」に行ってみたいと笑顔で話してくれる場面がありました。その憧れの気持ちを絵に描くならば，それも自画像になりえると彼に伝えました。彼が笑顔で描き始めた姿は忘れられません。

それ以来，自画像という考え方から「自分の存在証明」という題材に変更し，表現するときは「これまでの自分」「こう生きてみたい自分」という選択ができるようにしました。生徒一人ひとりは，本当は「こう生きてみたい」と思っているはずです。誰だって幸せになりたい，よりよく生きたいと思っているということを土台に教育を考えたいものです。また，こうしたことが生徒の自己肯定感を高めていくでしょう。

Column

「描かされる絵」と「描く絵」（1）

　私は，新卒から数年間，鉛筆デッサンで「上靴を描こう」という題材に取り組んでいました。題材のねらいは，絵画表現の基礎を身につけるというものでした。大学や技法書，指導書で学んだことをもとにたくさん教えました。そしてどの生徒にも達成感を味わわせたいという熱い思いをもって授業をしました。鉛筆の使い方，描く手順，形のとりかた，明暗，陰影，構図など，そうしたことをわかりやすく説明してから描かせるのです。教師が的確な技法指導をし，課題意識をもたせ，スモールステップで，きめ細かく指導すれば，生徒の表現力は高まるし，そのことで生徒も達成感をもち，さらに高まっていくであろうということだけを考えていました。

　こうしたこともあって，研究会では，私の指導したデッサンは高く評価されました。また，授業の実践発表にはいわゆる表現力の高い作品を持っていきました。コンクールでもそれなりの評価を得ていました。私は質の高い作品を描かせて，生徒を集中させることができるのが教師の力量だと捉えていました。

　そんな中，ある年に，体操部の生徒から「部活動ではいている靴を描きたいんですけど，上靴でないと駄目ですか？」と問われました。靴の種類が違うと条件も変わってくるし，とまどいましたが，生徒の強い思いに動かされ OK を出しました。その結果，体操部の生徒の多くが，上靴ではなく部活動ではいている靴を描いたのです。体操部は設立されたばかりの部活動で，やる気にあふれていました。自分が描きたいものを描くことが意欲を生み出していることは明らかでした。次の年は，部活動の靴も認めることにしました。するとその年，こんなことが起こりました。問題傾向を抱えている生徒たちが2時間続きの授業の2時間目のチャイムが鳴っても美術室に戻っていません。慌てて，探そうとして廊下に出ると，なんと作品を並べて批評し合っていたのです。衝撃でした。理想的な姿だと思いました。

　次の年，転勤。私は30歳になっていました。同じくデッサンの授業を続けましたが，生徒が自分の描きたいものを描けるよう，描く対象を靴以外にも広げました。これは大事な決断でした。（p.100に続く）

第**6**章
より深い学びを
生み出すことが
もっと
うまくなる**6**の技

32 生徒同士が学び合う場を設定する

> **ポイント**
> 1 互いに作品を見にいく機会をつくる
> 2 発想の途中の段階で互いの発想を知る機会をつくる
> 3 制作途中の作品を並べる

1 互いに作品を見にいく機会をつくる

制作の途中で全員の作品を全員が見にいく機会を設定します。表現に夢中になっているときは中断を嫌がる生徒もいますので、授業の最初に、どのタイミングで作品を見て回るか予告をしておくことが大切です。なお、この場合は全員の作品を必ず見る

ことを条件とします。仲良し同士のみで見合い、見る対象が減るのを防ぐためです。また、事前に意図を説明しておきましょう。「これから絵を見にいくのは、世界を旅していろんな世界があることを知るということに近いです。いろんな考え方や表し方、工夫などを見てみましょう」「1秒でも他の作品を見るのと見ないのとでは、学びがまるで違ってきます」など。機械的に全員の作品を見て回るのは1度だけでよいでしょう。あとは、希望者のみとします。さらに授業規律ができているならば自由に見て回ってもよいでしょう。

第6章　より深い学びを生み出すことがもっとうまくなる6の技

2　発想の途中の段階で互いの発想を知る機会をつくる

　作品完成後の鑑賞交流会よりも，制作途中での交流の方が，学んだことを表現へ反映することができ，生徒たちにとってもより有意義な時間になります。発想の段階でワークシートやスケッチなどを見せ合って交流することは，**他者の考えを知ることによって，自分の世界を広げることにつながっていきます。**実際の方法としては，全員着席した状態で，ワークシートやスケッチを回覧します。ワークシートやスケッチを机に置いて見て回る方法もありますが，実物を回覧する方が手もとでしっかり見ることができます。回覧は教師の指示で行います。時間がきたら，次の人へ回します。最初は10秒ずつほどでよいでしょう。生徒の様子を見て，適切な時間を設定しましょう。回覧することとその意図については，事前に理解させておきましょう。

3　制作途中の作品を並べる

　制作途中の作品を広い場所に並べます。黒板に立てかけたり，大きな机や床に並べて置いたりします。授業終了時に作品を乾燥棚に入れる前に，一時的に並べておくのもよいでしょう。自分以外の作品を見ることで課題意識が生まれることもあります。並べてあるものを見ることで，自分の作品を相対化して見ることができるため，新たな気づきが生まれやすいのです。ただし，この方法を望まない生徒へは配慮が必要です。

33 表現過程で学んだことを解説させる

> ### ポイント
> 1 表現の痕跡から，意図や試行錯誤など表現過程での学びを解説する
> 2 学びの解説を通して，「見方・考え方」や「共通事項」を指導する

1 表現の痕跡から,意図や試行錯誤など表現過程での学びを解説する

　自分の主題をもって表現に取り組む生徒は，自分が表現しようとする方向に向かって，試行錯誤を重ね，選択と意思決定を繰り返しながら表現をしています。そこには美術を通した学びがたくさん含まれています。

　制作途中の作品にはその学びの過程が痕跡となって残っています。その痕跡を写真などに撮ったり，実物投影機を使ったりして大型液晶ディスプレイに映し出し，クラス全員にその生徒の学びを解説する場をつくってみましょう。そうすることで，どのような作品にしたらよいかではなく，どのように考えて進めていくかが大切だということを学んでもらいます（p.10「1　授業で目指す生徒の学びの姿をイメージする」ポイント1参照）。

❶学びの解説として取り上げる要素の例

　作品の解説をしながら，実際に制作していた生徒に，制作過程で何をどう考えていたのか説明をしてもらう。

- ・描き直した跡，一本一本の線
- ・塗られた色と使用しているパレットの様子
- ・表したいイメージと筆のタッチや色の重ね方の関連

❷ピックアップする作品について

・授業のねらいに即したものあるいは、発展的なものを選ぶ。
・制作中の生徒の活動の様子を見ておく。
・解説前に制作している生徒本人に確認や質問をし、解説内容を確かなものにする。
・学びの解説を授業のどこの段階で、どの程度の回数を、何分で行うかを計画しておく。

　実際に、学びの解説を行った作品の例を１つ紹介します。これは、実物投影機を用いて、テレビモニターに映し出した制作途中のロゴです。この画面を見せながら、「作者はどのように頭を使っていると思いますか？」という発問をしました。Ｓという文字をきれいな形にするため、円形を描いていることや、骨組みの線の段階で

すでに美しさを意識している、薄い線で形を整えながら慎重に描いているなどということがわかります。こうして他者の学び方を学んでいきます。

2　学びの解説を通して,「見方・考え方」や「共通事項」を指導する

　造形的な見方・考え方や共通事項の指導は、繰り返し、繰り返し、具体的な例を通して考えさせていくことで実感を伴った学びになっていきます。
　こうした、制作過程の学びを解説する時間を設けることで、生徒自身も作品をつくることを通しての学びを意識するようになります。

34　1冊のスケッチブックに学びを集約させる

> **ポイント**
> 1　生徒が自分のために使うスケッチブックにする
> 2　ワークシートはメリットとデメリットを考えて活用する

1　生徒が自分のために使うスケッチブックにする

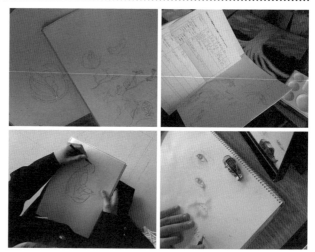

　美術の授業に使われるノートや，ワークシート，それをまとめたポートフォリオ。どれも学びを深めていくために必要なものです。私の場合は，さまざまなものを試しながら，最終的にスケッチブック（実際は用紙の薄いクロッキーブック）にたどりつきました。生徒が，自分のために，ごく自然にスケッチブックを活用するようになることを第一に考えました。アイディアを出すときや，ちょっと描いてみたいなと思ったときに，サッと取り出して使うという姿を理想としました。美術の時間は「描くことに対して抵抗感がない」ことが必要です。そのため，用紙は薄手のものにしました。安くて枚数が多いということ

と気軽さからです。スケッチブックよりノートと呼んだ方がよいかもしれません。右の写真は神奈川県鎌倉市立岩瀬中学校の鈴野江里先生が使っている「発想ノート」というものです。生徒の頭の中を可視化するというコンセプトです。コンパクトで使いやすいことが活用度を高めています。

> **スケッチブックの具体的な使用方法**
> ・見て描く力をつけるための場として使う。
> ・発想段階でアイディアスケッチをする。そのスケッチの大きさや数は教師の方である程度示しながらも，生徒自らが決める。
> ・構想を練るとき，あるいは構図を検討するとき，A4を2分割したり4分割したりしながら使う。内容によっては，分割しないことも。
> ・試す場として使う。見て描くときの部分スケッチや，色を試したり，タッチを試したりするときにも使う。
> ・自分の必要な資料や気に入った絵や写真などを貼る場として使う。
> ・ワークシートを貼るなど，ノートとしても使う。本来の意味で「ノートをとる」ようになることが理想。

2　ワークシートはメリットとデメリットを考えて活用する

　授業で使うワークシートは，授業の目標を実現するために，教師にとっても生徒にとっても有効なものの1つです。しかし，そうしたよさを認めつつも，教師の用意したレールの中で発想することになるということは否めません。実際に世の中に溢れる美術の絵画・彫刻・デザイン・工芸などはワークシートをもとに生まれてきたわけではありません。作品が生まれてくるアプローチは多様です。ワークシートを使う場合は，「教えやすさ」よりも，「生徒にどのような力を育てたいか」を常に問うことを大切にしたいものです。

35 グループ学習は意図に応じて常に形態を変える

ポイント

1　1人で考える場面も大切にする
2　座席の配置や人数を十分に検討し，学びの質を保証する
3　グループのメンバーを入れ替えて，発想の広がりを促す

1　1人で考える場面も大切にする

　グループの学習には様々な形がありますが，その際，1人で考える場も大切にしましょう。自分の考えがないままで話し合いを始めると，最初の発言に流されて，逆に発想が狭まったり，依存的になったりすることがあるからです。教師が時間を決めて，1人で考える場を設定するとよいでしょう。

　なお，1人で考える場をつくるためには，ワークシートに自分の考えをメモさせておく方法もありますが，メモを見ないで発表することを心がけさせましょう。メモを見ないで発表する指導を通して，コミュニケーションは，その内容だけではなく，聞く人や話す人の表情やしぐさも非常に大切であるということも指導できます。

2　座席の配置や人数を十分に検討し，学びの質を保証する

　グループ学習をする場合，最初に考えるべきことは学級や他教科でのグループ学習との関連です。他教科などと同じ進め方の方が，成果が出ることも多いので，検討が必要です。また，学級で決まっている座席は，学級づくり

の視点からさまざまな配慮をもとに決められていますので，美術科独自の座席ではそうした面が弱まるということを押さえておく必要があります。

　その上で，美術科独自で座席を決める場合は，教室の座席を前提としながらも，3〜4人グループの席にすることをおすすめします。グループあたりの人数が少ないため人任せにならず，物理的にも距離が近く，全員が話に参加しやすくなるからです。

　左の写真は，北海道教育大学附属釧路中学校の更科結希先生の授業の様子です。3〜4人グループでの授業を基本としています。制作の間，さりげなく，相談したり，助言し合ったりが，実に自然に行われています。まさに「学び合う教室」です。

3　グループのメンバーを入れ替えて，発想の広がりを促す

　グループ学習をいつも同じメンバーで進めることで，活動もスムーズになりやすいというよさがありますが，グループによっては，活動が停滞しがちになることもあります。

　そこで，グループの一部のメンバーを一時的に入れ替えて進めるという方法もあります。あるいは，くじ引きで全員入れ替えるという方法もあります。

　違うメンバーで，互いの作品を見たり，話し合ったりすることで，発想の広がりが期待できます。生徒にとっても，教室内でさまざまな感じ方や考え方に触れることは新鮮で，面白いことです。

　このような方法を取り入れる前に「ワールドカフェ」の手法も参考にしてみるとよいでしょう。なお，グループを固定すると，互いの成長の過程を見ることができるというよさもあります。ねらいに合わせて，バランスよく取り入れていきましょう。

36 毎時間振り返る場をつくる

> **ポイント**
> 1 振り返りシートは，書く目的を生徒に伝えた上で取り組む
> 2 生徒個々の振り返りをシェアして，振り返りの質を高める

1 振り返りシートは，書く目的を生徒に伝えた上で取り組む

　毎時間，自分の活動について振り返ることは，自分の学びを見つめ，主体的な学びを生み出していくことにつながっていきます。たとえ短時間であっても，振り返るのと振り返らないのとでは，まるで意味が違ってきます。そこで，生徒には振り返りの仕方とその目的を伝えます。例えば以下のような言葉で伝えてみましょう。

　「毎時間，自分の活動について振り返ります。具体的には，『感じたこと，考えたこと，学んだことなど』を振り返りシートに書きます。目的は3つあります」

❶自分自身のため

　「自分の学びのあり方は，どうなのかを考え，その時間の学びの価値に気がついたり，次への課題が見つか

ったりする時間になります。こうして自分の学びなどを客観的に捉える力も
つくので，自分で自分を高めていこうとする姿勢や力もついてきます（メタ
認知力をつけていくことにつながります）」

❷評価の資料のため

「いわゆる成績をつけるための参考資料にもします。結果として作品には
なかなかあらわれてこないよさを見つけるためです。なお，よいことだけで
はなく，失敗や意欲的になれないことや，課題になることなどを書いても悪
い評価につながることはないので，安心してください」

❸教師のため

「生徒の皆さんにとって，美術の時間を楽しく，学びがいのある時間にす
るために，教師自身も授業がうまくなりたいのです。そのため，みなさんの
感じたことや考えたことを知っておくことが必要なのです」
※ p.102「38　評価の資料から授業を見直す」参照

2　生徒個々の振り返りをシェアして，振り返りの質を高める

　振り返りシートは，生徒個々のものではありますが，次の時間に何人かの
ものを紹介します（称賛の意味ではないので，名前は紹介しません）。

　こうして，前の時間の学びを評価しつつ本時の学びへとつなげることがで
きます。また，生徒が他者の振り返りを知ることで，メタ認知力を高めるこ
とにもつながっています。

　このように，振り返りをシェアすることで，振り返りの視点が広く，深く
なっていきます。

　紹介の目的は称賛ではありませんので，よいものだけを紹介するわけでは
ありません。ですから，紹介したものに対する教師のコメントが非常に重要
になります。また，必要に応じて生徒に振り返りの補足説明をしてもらうこ
ともあります。

37 生徒の思いを踏まえた 個別指導をする

> **ポイント**
> 1 生徒の思いや考えを聞きながら，声をかける
> 2 ときには待ち，生徒を信じ，見守る
> 3 計画的に全員と関わる

1 生徒の思いや考えを聞きながら，声をかける

　指導助言を目的とした机間巡視のときに，制作中の生徒に声をかけますが，みなさんはどのようなことに気をつけているでしょうか。かつて私は，専門家の視点から，一方的に助言していました。それは，教師の描かせたい，つくらせたいイメージがあってのものでした。

　しかし，生徒の表現意図や思いを踏まえた指導助言や評価こそが，生徒の学びをより豊かにしていきます。ですから，生徒にいきなり声をかけることはしません。活動中の行為や表情などを観察して生徒の頭や心の中で起きていることを予測したり，生徒が感じたり考えたりしていることを聞いてみることから始めましょう。生徒にインタビューしてみるのもよいでしょう。「調子は，どうですか？」などと切り出すのです。

　ほめる場合も同様です。生徒の思いや考えにフィットしてこそ，指導助言が生きてきます。適切な言葉をかけることができたときには，生徒とバチっと目が合うこともあります。それは，「先生はわかってくれている」という嬉しさからです。**自分の思いや学びをわかってくれているという安心感や信頼感のある教室**では，生徒は互いに学び合い，高め合っていけます。

第6章　より深い学びを生み出すことがもっとうまくなる6の技

2　ときには待ち，生徒を信じ，見守る

　中には，どうしても意欲がもてない，やる気が出ないという生徒がいることもあります。それは表情やしぐさからもわかります。

　そのような生徒には早めに声をかけ，まずそのやる気が出ないという事実を受け入れながら，相談に乗るつもりで一緒に答えを考えていきましょう。

　表現が進まないときでも，待つことも必要です。それは生徒を見守り，生徒自らの力で道を切り開いていくのを信じることでもあります。なお，「下手だから」「発想力が弱い」「不器用だから」などの自分に対する否定的な発言が出るときは，逆に対話が生まれやすく，指導のよいきっかけになります。

3　計画的に全員と関わる

　美術の表現の授業にとって，机間巡視（指導）はとても重要なものです。まさに，生徒一人ひとりの学びを適切に支援していく重要な場になります。

　これは計画的に行っていく必要があります。かつて授業アンケートで，机間巡視について指摘を受けたことがあります。「みんなを公平に見てほしい」「何も言わずに黙って横を通りすぎるのは，やめてほしい」。どちらも無計画にやっていたことによるものでした。意欲的だったり，順調に進んでいたりする生徒には声をかけず，素通りしていたことが原因でした。それ以降，生徒に以下のような説明をした上で，計画的に進めるようにしました。

❶人によって声をかける時間の長さが違います。その内容によって短く済むこともあるし，時間がかかることもあります。

❷順調に進んでいるようなときは，そのまま声をかけないこともあります。そのときは，この調子でいいのだなと安心してください。ただ，声をかけられたから，よくないということでもありません。

❸時間の関係で，全員を見られないときは，次回に必ず声をかけます。

Column

「描かされる絵」と「描く絵」（2）

　ある日の放課後，他の先生から「山崎先生，美術で生徒残している？」と聞かれたのです。身に覚えがないので，急いでその教室に行きました。すると，バスケット部の生徒が5人でデッサンをしていたのです。その真剣な姿に驚きました。そして彼女たちを見て思いました。「彼女たちはデッサンを通して，バスケットをしているんだ」「この絵は自分が頑張っていることの証なんだ」

　その中に，小学校のときから絵が嫌いと言っていた生徒がいました。シューズの汚れやマークまでこだわって描いていました。彼女がこんなに描くとは！　巧みな表現ではありませんが，迫力を感じる強い作品でした。授業後の感想に「私は，絵が嫌いでした。でも，このデッサンは本当に夢中になって描けました。絵を描くのが好きになりました」とありました。

　そのころ，美術の授業を通して「自分の生き方を考える」ような授業をしたいと漠然と思っていました。このデッサンの授業を通して，なんとなく，私なりに，そのことをつかめた気がしました。自分の授業に対する意識が明らかに変わりました。生徒の立場で考えると「描かされる絵」から「描く絵」への転換です。

　当たり前のことですが**「表現は子どものもの」**です。そして生徒自身が絵を描く意味を見いだし，その題材に取り組む価値が見えれば，自ずと意欲的になり，表現も高まっていくということが実感としてわかりました。

　授業を改善する前の指導では，作品を描き終えた後の生徒の感想には，ほとんど技法面のことしか書かれていませんでした。授業の改善後は，自分が描いたモチーフを選んだ理由や，そのモチーフへの思いはもちろん，追求して描くことの面白さについても書かれるようになりました。机間巡視も対話的となり，生徒のよさを発見することができるようになったので，授業がどんどん楽しくなっていきました。

　こうして，30歳の私は，**その生徒だからこそ描ける，そのときだからこそ描ける「生きる証」**となるような作品が生まれ，生徒自身が思いを込めて「こう描きたい！」と思うような授業を目指すようになりました。

第7章
授業改善がもっとうまくなる4の技

38 評価の資料から授業を見直す

> **ポイント**
> 1 生徒の振り返りシートやワークシートから授業を見直す
> 2 観点別評価の設定そのものの妥当性を問う
> 3 観点別評価の達成状況の傾向から授業改善をする

1 生徒の振り返りシートやワークシートから授業を見直す

　よりよい授業をつくるために,「生徒の声」に耳を傾けることは有効です。

　毎時間,生徒自身が,自分が今学んでいることにやりがいや価値を感じているのかどうかを生徒の振り返り(自己評価)から見取るのがよいでしょう。具体的な例として右の「振り返りシート」を紹介します。生徒たちに毎時間,今日の授業で「感じたこと,考えたこと,学んだことなど」を書いてもらいます。生徒には「今日の授業はどうでしたか?」というインタビューに答えるような感覚で書いてもらうとよいで

しょう。「振り返りシート」の右端では,5段階で「充実度」を評価します。「充実度」が低い場合,直接理由を聞くこともあります。これらが授業改善のヒントになります。それは次の時間に生かすものもありますし,題材設定や教育課程編成のときに生かすものもあります。授業スタイルに関わる感想

もあります。私のコメントも入れて返却しますが，１クラス30分以内で書き終えるようにしています。時間の余裕がないときは，コメントは書かずに，次の時間の冒頭にクラス全体に対して生徒の振り返りを紹介します。ときには実物投影機で，制作途中の作品と自己評価を合わせて紹介することもあります。それぞれの学びを共有することで，学び合う姿勢が生まれてきます。なお，生徒が「振り返りシート」に記入する時間は数分です。慣れてくると授業の後にサッと書けるようになります。

　生徒の振り返りを読むと，授業の中で考えていることや感じていることが，生徒によって実にさまざまであることが実感できます。生徒の書いた内容によっては深く反省することも出てきます。だからこそ授業改善に生かせます。生徒と対話しながら，よりよい授業をつくる方法の１つとして有効です。

2　観点別評価の設定そのものの妥当性を問う

　ここで強調したいのは，教師が設定した観点別評価そのものの妥当性です。それは題材設定の理由と密接に関わります。評価の説明責任を「ＡＢＣの評価規準の説明が明確にできる」ことだけで捉えている例も見受けられます。そもそも，その題材をどうして設定しているのかという説明責任こそ問われるべきものです。評価規準の設定の明確さだけでなく，**なぜこのような題材を美術の授業でするのか，**ということを常に考えて題材を設定しましょう。

3　観点別評価の達成状況の傾向から授業改善をする

　指導案に，必ずあるのが評価の観点です。Ｃにならないための手立ても示します。その手立てを実行して適切かどうか見直すことは，もっともわかりやすい授業改善の視点です。さらに，観点別評価の達成状況でもう１つ大事な視点があります。それは評定結果に偏りがないかどうかです。偏りが大きいときは，場合によっては観点自体の見直しが必要になります。

39 授業記録の動画を分析する

> **ポイント**
> 1 固定カメラで導入部分の教師の動きを見つめなおす
> 2 「対話による美術鑑賞」では動画による授業分析をする
> 3 授業の動画記録から生徒の学びの分析をする

1 固定カメラで導入部分の教師の動きを見つめなおす

美術の授業では，題材の導入場面が非常に重要になってきます。それを固定カメラで動画撮影し，後で見直すと改善点がよく見えてきます。特に導入場面での説明は，その内容や構成そのもの，表情，

しぐさ，話し方に注目します。私の場合，見ていて自分が情けなくなることもありました。しかし，そこを乗り越えての改善です。また，記録動画を他者に見せるのも有効です。私の場合は，教職とは無縁で利害関係のない妻に見てもらったりしました。容赦なく指摘されます（「あなた，なかなかいいこと言っているじゃない」などというものもたまにはあります）。

また，教室の前方に固定カメラを置くと，生徒の反応がはっきりわかります。私は生徒の表情や眼差し，つぶやき，しぐさをすべて含めて「視聴率」と呼んでいます。この視点で動画を見ると，教師の伝えたいことがどの程度伝わっているか，手にとるようにわかります。授業参観を前から見ると，生

徒の学びに向かう姿勢が見えてくるのと同じ原理です。生徒から，動画撮影をする理由を聞かれることもあります。そのときは「授業がうまくなりたいからね」と答え，教師も生徒も高まりたいというのは同じという話をします。

2 「対話による美術鑑賞」では動画による授業分析をする

　「対話による美術鑑賞」（p.72参照）では，基本的には固定位置からの動画撮影や音声録音をしておくとよいでしょう。それには2つの意味があります。1つは生徒の学びを評価すること，もう1つは教師として「対話による美術鑑賞」のファシリテーションが妥当かどうかを判断することです。

　私自身が「対話による美術鑑賞」で，手応えを感じ始めるようになったのは，動画による振り返りを始めてからです。動画を見ていると，生徒の鋭い発言があるのに，その価値に気がつかずスルーしてしまっていたり，鑑賞が深まるきっかけになる発言を生かせていなかったり，教師が話しすぎてしまっていたり，という実態が明確になってきます。ですから，こうした音声の分析は非常に有効です。さらに文字起こしするともっとよくわかります。

3 授業の動画記録から生徒の学びの分析をする

　生徒が活動しているときにビデオやカメラをもっていると授業の振り返りに有効です。撮影の仕方もさまざまです。私のおすすめの方法を紹介します。

❶机間巡視しながら，生徒の反応も含めた形で撮影します。この場合は広い範囲が写るように広角で撮影します。ほとんどが，この方法です。

❷教室の隅に固定カメラを設置し，ハイアングルで撮影します。教室全体の雰囲気も教師の動きのクセもわかります。

❸漫然と撮るのではなく，目的をもって，ねらった撮影をします。生徒の手元や活動の様子を撮影したり，生徒にインタビューしたりもします。しかし，特定の生徒ばかり撮影することにならないよう配慮が必要です。

40 学校内のつながりを生かして学ぶ

> ### ポイント
> 1 他教科の授業から学ぶ
> 2 積極的に授業公開をする

1 他教科の授業から学ぶ

　自校の他教科の授業を見ることも，非常に勉強になります。他教科を参観することで，美術科との共通点や相違点が見えてきます。また，同じ生徒でも教科によって見せる姿が違うので，生徒をより深く知るためにも役立ちます。同僚と授業について相互に学び合うことで，教科間の連携もしやすくなります。

　美術では特に強い意欲を示さない生徒が，他教科の授業で非常に生き生きとしている場面を見ることもあります。そのようなときは，その事実を真摯に受けとめ，授業改善することによって，美術の授業でも生徒を生き生きとさせたいものです。他教科の生徒の姿から，生徒が高まる可能性を感じ取る意味は大きいです。

2 積極的に授業公開をする

　「いつでも美術の授業を公開しています」という立場をとり，先生方に授業を見ていただくことは，授業改善をしていく上で参考になります。いただいた助言や励まし，感想は，大きな糧となります。

また，生徒の思いや考えがストレートにあらわれやすい題材などは，担任の先生にとっては生徒理解のよい機会になります。美術の授業で見せる学びの姿や表現されたものは，学級経営をする上で貴重な資料となるからです。
　そして，生徒と担任のやりとりは，美術の授業で見せる姿と違ったりします。また，生徒への声かけも担任ならではの視点であり，おもしろい部分でもあります。この写真は，担任の先生（国語担当）が美術の授業にやってきたときのものです。担任の先生が話しかけると笑顔溢れる和やかな雰囲気に。この先生は，生徒が表現

しようとすることを大切にしています。教科担任である私とはまた違う視点での対話を目にするのは，とても新鮮です。
　私の場合は，授業をたくさん見ていただいたことから，私自身も他教科を見るようになり，その後の職員室での会話が授業改善のヒントになったりもしました。またこうした教師のやりとりは，職員室の雰囲気を和やかにするだけではなく，美術という教科を俯瞰して捉えることにもつながりますし，教科横断的な授業をつくる上でも非常に有意義です。

　なお，保護者や地域の方に参観していただく場合は，授業のねらいや意図を書いたもの，あるいは略案を教室の後ろに置いておき，参考にしていただくとよいでしょう。授業によっては，参観に来られた保護者の方々へねらいを数分で直接説明したこともあります。

41 他校の先生とともに学ぶ

> ### ポイント
> 1 研究会に積極的に参加する
> 2 他校の先生と授業について話し合う
> 3 書籍から学ぶ

1 研究会に積極的に参加する

　機会があれば研究会に積極的に参加し，他校の先生の美術の授業を見ましょう。教師の授業力を高める有効な方法の1つです。長い目で見ると自分が学んだことは生徒に還元されていきますので，時間をやりくりして参加することをおすすめします。なお，附属中学校に行って「附属中学校の生徒だからできる」「うちの生徒には無理」といった発言を聞くことがあります。が，本当でしょうか。こう考えて学びを閉ざすのはもったいないことです。自校へ何か1つでも必ず持ち帰るという意識で参観しましょう。

　参観対象は中学校だけではなく，幼稚園・保育園・子ども園から小学校，高等学校と様々な校種に行くと新たな気づきもあります。その中で，共通点が見えたときは，教育の本質を考える機会にもなります。

2 他校の先生と授業について話し合う

　地域の研究会では作品を持ち寄り，自分の実践について話し合うこともあるでしょう。この場合，完成度の高い作品だけではなく，1クラス全員の作

品を持ち寄ると勉強になります。授業改善を考える上でも効果的です。有志でこのような研修を進めて、成果をあげているところもあります。なお、作品だけではなく、ワークシートやスケッチ、生徒の言葉、授業の画像や動画なども持ち寄ると、授業の様子がより見えてきます。また、地域の研究会で授業公開の機会があれば、積極的に挑戦することをおすすめします。

　下の写真は、2016年開催「美術による学び研究会北海道大会」分科会の様子です。**1クラス全員の作品とそれに関連するワークシートやアイデアスケッチなども持参**したことで、1人の生徒の表現のプロセスや指導の流れも追うことができました。このようにして生徒の「学び」が浮かび上がってきました。※写真は、北海道江別市立江別第一中学校の渡邊麻子先生の発表。

3　書籍から学ぶ

　美術教育に関する書籍は、教育雑誌も含め多数あります。実は中でもおすすめは、美術の教科書（開隆堂出版・日本文教出版・光村図書出版）とその指導書です。特に教科書は、現在自分の地域で採択されていないものについても分析すると非常に勉強になります。指導書も合わせて参照すれば、優れた研究会に参加するほどの効果があります。教科書で取り上げられた題材は議論に議論を重ね厳しい検討の後に生まれたものですから、当然といえば当然です。また、小学校（開隆堂出版・日本文教出版）や高等学校（日本文教出版・光村図書出版）の教科書も是非とも読んでおきたいものです。

Column

中学校美術 Q&A という研究会のこと

2012年から2015年の間の実質3年間，全国19箇所で「中学校美術Q&A」という研究会を，開催地の先生のご協力を得ながら，滋賀の梶岡創さん，三重県の加藤浩司さんと私の3人で行いました。同時に，「中学校美術ネット」(http://jhsart.net/) を立ち上げました。

> これからの美術教育を考える研究会「中学校美術Q&A」は，学習指導要領改訂のたびに中学校の美術の授業時間が減らされてきていることを背景に，次の改訂で必修教科としての確固とした存在意義を残すために授業の質（Quality）の向上と，美術教育の価値を伝える行動（Action）を起こすことを目指します。

おかげさまで，のべ37日で3400人もの参加がありました。ご講演や実践発表をいただいた方はのべ231人にものぼります。熱心に授業に取り組む姿に触れることができました。改めて，教師同士が学び合い，高まっていくことの大切さと，その面白さを実感しました。と同時に，地域の研究会がそれぞれの地で果たしてきた役割の重さも再認識しました。

中学生のために，少しでもよい授業をしたい，そう真剣に考えている人がこんなにたくさんいるんだと，実感できた3年間でした。

中学校美術Q&A

2012	2013	2014	2015
北海道 大阪	岡山 岩手 金沢 北海道 東京 埼玉 秋田 三重	神奈川 兵庫 宮城 島根 大分 大阪	北海道 静岡 東京（まとめ・Action会議）

美術教育の今とこれからを考え、行動する

第**8**章
生徒が学びやすい
美術室づくりが
もっとうまくなる**5**の技

42 材料や用具の置き方で
画材売り場のようなわくわく感を生み出す

> **ポイント**
> 1 技法や表現方法別に分類し，目に触れるように置く
> 2 保管場所を生徒に共有しておく

1 技法や表現方法別に分類し，目に触れるように置く

　「これは何に使うのだろう？　どう使うのだろう？　使ってみたい」と思わせるように，材料や用具の置き方を工夫します。画材売り場に行ったときは，さまざまな材料や用具が置いてあって，思わずわくわくします。このような感覚を，美術室でも味わってもらえたら素敵です。

　ところで，画材売り場に行ったときの「わくわく」の中身は何でしょう？例えばずらりと並ぶ画材を見て，「これは何に使うのだろう？　どう使うのだろう？」という好奇心や想像する楽しみ。または，「面白そう，綺麗だな，これ使ってみたい」など，自分でも美しいものや面白そうなものを生み出したいと思うことでしょうか。

　美術室でも，材料や用具をしまいこまず，画材売り場のように可能な限り見えるようにしておくと，使いやすいのはもちろん，わくわく感を生み出すことができます。用具は，「切る」「削る」「彫る」などの技法別に分類して置いておくと，わかりやすいだけではなく，例えば「切る」という方法にもさまざまなものがあるのだという提案にもなります。材料は小石や木の枝のような自然素材から，布やダンボールなどの日常で目にするもの，針金やねじ，ナットなどのホームセンターに置いてあるようなものまで，さまざまな

ものを目に触れる場所に置いておくようにします。これらを分類して置いておけば、その多様な色や形から発想を広げる生徒も出てきます。実際に授業でそれらを使わなくても、美術ではさまざまな素材を使ってさまざまな表現をすることが可能だと感じ取ることにもつながっていきます。

2　保管場所を生徒に共有しておく

　材料や用具の保管場所を生徒がわかっているようにすると、表現の授業で、「あ、あれ使えるかな？」と思ったとき、すぐ使えるようになります。そのためには、学年はじめのオリエンテーションや題材の導入時に、材料や用具の置き場所や使い方をきちんと紹介しておくことも大事です。その紹介の時間が生徒の発想を広げることにもつながります。

　このようなことを大切にすることで、生徒たちは、課題解決のために自ら必要な材料や用具を活用するようになります。

　なお、このときに、自由に使ってよいもの、安全などの面で許可を得て使うものなど、さまざまなルールについて説明することも大切です。また、美術室には、切断面の鋭い針金などのように、適切に扱わないと危険なものもあります。ここでの安全指導は絶対に欠かせません。

43 フレキシブルに活用できる美術室にする

> **ポイント**
> 1 美術室は，豊かな学びを生み出すための「環境」であると捉える
> 2 学びを豊かにする2つのアイテムを用意する

1 美術室は，豊かな学びを生み出すための「環境」であると捉える

　幼児教育の中に「環境の構成」という言葉があります。幼児期だけではなく，環境をどう構成するかは，子どもの学びの質を大きく左右します。前頁までは，美術室という大きな環境の構成について述べてきましたが，生徒が表現するときの動線，材料や用具までの距離，準備する数など，細かな環境を工夫することで学びの質は変わります。

　例えば，机の数を生徒数より多めにして，配置をアレンジしやすくしておくと大変便利ですし，材料や用具の置き場所にも余裕が生まれます。

2 学びを豊かにする2つのアイテムを用意する

❶軽量で扱いやすい厚さ2.5ミリのベニヤ板

　生徒がダイナミックに表現したいとき，床や机に置いて使います。汚れを気にせずに表現に打ち込むことができ，汚れを拭き取ったりする必要もないので後片付けも簡単。新聞紙やブルーシートよりも，扱いが楽で便利です。

　また，絵を乾燥棚に入れる前段階でベニヤ板の上に作品を並べるのも非常に有効です。並べながら，互いに他者の表現から学ぶ機会が増えるからです。

さらに，ベニヤ板は窓に立てかけたり，つったりすれば，臨時の作品展示場所や暗幕の代わりにもなります。
 このベニヤ板はカッターでカットすることが可能なので，用途に合わせて，様々な大きさのものを用意しておくとよいでしょう。

❷暗幕

 暗幕があって，光をコントロールできると，下記のように学びが豊かになります。
- 画像や映像はスクリーンやプロジェクターの性能向上で明るい部屋での視聴が可能になっていますが，やはり，大型画面での発色の豊かさは暗い方がすぐれています。
- 共通事項にもある「光」は，暗幕でつくられた暗い空間の中の方が，光の性質や，光がもたらす効果や感じの違いなどをより効果的に学ぶことができるようになります。さらにはＬＥＤを使ったコンパクトなライトの登場によって，さまざまな題材が工夫されてきていますので，暗幕があることは大きな力になります。
- デッサンなどで，じっくり何かを見て描くような題材では，明暗や陰影の表現が大切になってきます。暗幕があれば，人工光と自然光，光の方向と明暗，陰影のでき方など，実感をともなってその違いを理解できます。効果は絶大です。実際に見て，その効果がすぐわかるからです。

44 生徒の学びを広げ，深めるものを置く

> **ポイント**
> 1 日常生活と美術をつなげる架け橋となるものを置く
> 2 ＩＣＴ機器など，便利なアイテムを常備する
> 3 「これ，どうやったんだろう？」と思われるような展示をする

1 日常生活と美術をつなげる架け橋となるものを置く

日常で目に触れる，食器や文房具やさまざまなパッケージ。こうした工業製品や工芸品，民芸品は目的や機能を第一として生まれてきたものです。こうしたものを美術室に置いておくと，生活と美術が結びついているということを実感しやすくなります。実物ではなくても，ファッション誌や趣味の専門誌などを手に取りやすいところに置いておくのもよいでしょう。美術の授業の中で，こうした展示物のことに軽く触れるだけで，生徒の中に気づきが生まれ，ものの見方が，広がり，深まっていきます。写真は，北海道教育大学附属釧路中学校の更科結希先生がつくっている美術室のコーナーです。素敵な空間が生活と美術をつなげています。

2 ＩＣＴ機器など，便利なアイテムを常備する

美術室にあると授業の質がグッと上がるアイテムをいくつか紹介します。

❶タブレット端末…教師が、タブレット端末のカメラ機能を使い、教室のモニタにつなげて書画カメラのように使用します。授業の中で、生徒たちの制作過程の様子を紹介するために使うには効果的です。一人ひとりが自分の見方・考え方や主題を具体的にどのように工夫して表現しようとしているのか、全員で共有することができます。台数があって Wi-Fi が使えれば、インターネットで資料を探すことはもちろん、生徒の意見や感想をタブレットを通して集約し、モニターに一覧表示することもできます。

❷デジタルカメラとプリンタ…カメラにはさまざまな用途があります。制作過程を記録するメモとして、完成した作品を記録するものとして、あるいは、制作した立体作品を撮影し、その写真が作品になる写真表現として（APA『美術授業にカメラ』参照）。さらには表現のために資料にしたいものを記録するものとして。なお、生徒自身が気軽に使えるプリンタを置いておくと、撮影したものを生徒が必要なときに自分の手で印刷できるため、活用の幅も広がります。

❸付箋…発想のときや、グループでの話し合いなどに有効なので常備しておきたいです。

❹刃物の研磨機…彫刻刀や小刀などの切れ味は、安全性や表現意欲に直結します。生徒がサクサク彫れる面白さを味わえるようにしましょう。

3　「これ、どうやったんだろう？」と思われるような展示をする

　美術室にいろいろな表現をしたサンプルを置いておくのもよいでしょう。例えば、モダンテクニックをベースとしたものなど。用語を覚えたりするためではなく、「これ、どうやったんだろう？」と思ってもらうしかけとしての展示です。このことを通して、表現は自分なりに工夫してよいということや、その広がりを感じ取らせることにもつながってきます。

45 美術室に資料室としての 機能をもたせる

ポイント

1 美術室の外とつなげる工夫をする
2 さまざまな大きさの画集を置き、「画集を見る時間」をつくる
3 技法書や図鑑を置く

1 美術室の外とつなげる工夫をする

　美術室は画材売り場であり、美術館であり、文化センターであり、博物館でもあります。美術室に多様な機能をもたせ、美術の見方や考え方が広がるようにさせたいものです。

　そのため、美術の教科書や画集だけでなく、他教科の教科書、資料集も置いておきましょう。授業で適宜活用することで、美術はいろいろな世界とつながっているということを感じ取らせることができるからです。

　例えば、数学の教科書にある放物線は数値で表せる美ですし、地理や歴史における学習内容は美術文化という考え方と直接つながってきます。このような資料を置くことは、他教科と連携し学びをつなげるということそのものです。そして教師自らが、各教科の大まかな内容を知っておくことで、生徒の学びをより深く知ることができ、授業改善につながっていきます。

　なお題材によっては、図書館の本を一時的に借りてきて、生徒の視界に入るところに並べておくのもよいでしょう。

　美術室の一角に書籍類を資料として並べておき、生徒が自由に見られるようにしておくのはよい方法でしょう。多くの先生が試みています。

なお，資料を準備しておくのは大事なことですが，生徒が資料収集を教師に頼りすぎることがないよう配慮しましょう。美術室で出会った資料がきっかけとなり，使いたい資料を自分自身で探して見つけられるようになることが望ましいと考えます。

生徒の求めるものが**美術室だけで完結しないことも，学び続けるという視点から考えると大切**なことです。先生が，親切になんでも用意してしまうと，確かに便利ですが，依存的な体質を生徒につくってしまうこともあります。

2　さまざまな大きさの画集を置き，「画集を見る時間」をつくる

画集は，大型のものと気軽に手に取れるものの両方を置くようにしましょう。じっくり見る，気軽に見る，どちらの体験もさせましょう。

また，授業の中で「画集を見る時間」も設けて，美術に関する本は，どのようなものがあるのかを知ることができるようにします。そうすることで，生徒たちは，画家に興味をもつようになったり，表現に取り組んでいるときに以前見た画集のことを思い出し，画集を参考にするようになったりします。

3　技法書や図鑑を置く

技法に関する書籍は，生徒が表現方法を自分で選択する場面で有効ですので，いろいろな種類を置いておくようにします。また，各種図鑑も参考資料としては有効です。ただし，**発想が浮かばない段階で図鑑を使うことは，逆に図鑑の絵や写真によって発想を狭め**てしまうこともあります。図鑑をもとに一生懸命描いていても，それが図鑑の写真の再現になってしまったら，発想段階の指導に課題があると捉えるとよいでしょう。

46 開かれた美術室にする

> ### ポイント
> 1 美術の授業以外でも積極的に活用してもらう
> 2 美術の材料や用具を学級活動に貸し出す
> 3 美術室の扉を開けて授業をし, 自由に生徒の学びを見てもらう
> 4 校内に美術館をつくる

1 美術の授業以外でも積極的に活用してもらう

　美術室を美術の授業以外でも積極的に活用してもらい, 美術を学校教育の中で生かしていくようにしましょう。

　美術室は, 学級や学校行事の掲示物をつくるときなどに, 生徒が自由に使えるようにします。マーカーや色鉛筆, 色画用紙はもちろん, 透明水彩絵の具セットも, 自由に使ってもらえるようにします。美術室には, さまざまな材料や用具がありますから, 生徒たちのアイディアも膨らんでいきます。

　何より, 美術室を活用することで, 美術で学んだことが日常の場面に生かされていくことを, 生徒自身が感じ取るようになります。

　開かれた美術室経営が, 生徒の美術の学びを日常につなげてくれるのです。

2 美術の材料や用具を学級活動に貸し出す

　美術室を活用してもらうにあたって, 美術室から材料や用具を貸し出しながら, 美術室活用のイメージをもってもらうとよいでしょう。例えば, 学級

第8章　生徒が学びやすい美術室づくりがもっとうまくなる5の技

会活動においてつくる各種掲示物，総合的な学習の時間や行事等での制作物など，使う場面はいくらでもあります。学年の先生と相談して進めましょう。

3　美術室の扉を開けて授業をし，自由に生徒の学びを見てもらう

　文字どおり開かれた美術室にするためにも，授業は扉を開けて行い，先生方，保健室の先生，カウンセラーなどに，自由に参観に来ていただきましょう。美術という教科は，生徒一人ひとりの思いや内面が見えてきやすい教科です。よって，美術の授業を先生方が参観することは生徒理解にもつながり，生徒の側から考えてもとてもよいことでしょう。また，美術教師だけではなく他の大人からの違う視点での言葉は生徒への大きな励みや喜びになるでしょう。

　美術教育は，やはり大人の目から見て完成度の高い作品をつくらせる教科と思われがちですが，授業を参観いただくことで，先生方の意識も変わり，生徒たちの学びに気がついていただけるようになるでしょう。

4　校内に美術館をつくる

　空き教室などを利用して，美術室以外の場所に美術館のような空間を設けるのもよいです。下の写真は使われなくなった放送室に名画を展示したときのものです。美術室のようなにぎやかな空間でなく，このような静かな場所で作品とゆっくり向き合う場としてつくりました。

　ここでいつもの美術室とは違う雰囲気で鑑賞の授業を行うのも新鮮です。

Column

授業の節目に振り返ることの大切さ

　授業を通して身についた力を自覚させるために「振り返りの場をつくる」ことは，とても重要だと考えています。各時間や題材の終わりに，学期や学年の節目に，そして卒業期に。メタ認知の考え方を取り入れるのです。

　次の例は，1年生が1年間の授業を振り返ったものです。卒業期の振り返りももちろん重要ですが，1，2年生のものは，授業改善に直結させることができます。

　A5の真っ白な紙に自由記述。20分程度。作文を書く前に「振り返ることで，価値を発見することができます」「一人ひとりにこの1年どうだった？　ってインタビューして答えてもらうのが一番だけれど，それに答える感じで書いてください。特に成長したことを教えて欲しいんです」「これからの授業をする上で参考にしたいので」とも言っています。

　Aくん「楽しかったのは最初のころ，みんなでやった，絵をじっと見るということです。『みんな同じ絵を見ているのに，みんな違う感想を持つ』これってすごいと思いました。それから，いままでとても苦手だった図工が，美術になって楽しく，絵を描くこと，見ること，工夫すること，全てが大好きになりました」

　Bさん「1年を通してわかったこと，成長したこと。まず，この世にある全てのものが美術と言っていいくらい，美術というものはたくさん存在していることがわかった。私は絵を描くと，だんだんめんどうくさくなってしまうが，画家のたくさんの絵を見ると，その人の思いが伝わってきて不思議だった。なので，これからは最後までちゃんと描きたいと思った。ここが成長した点だと思う。そして今日，お気に入りの絵を見つけた。ムンクの『時計とベッドの間の自画像』。悲しそうな顔をしているが，カラフルな色が使われていて，とてもいい感じ」

　こうした**振り返りを続けていくことで，生徒が美術による学びの大切さを自覚する**ようになります。同時に，振り返りを「共有」しながら授業を進めていくのです。このように**価値を共有することで，生徒にも教師にもまた新たな気づきが生まれます**。こうして「価値を更新」していきます。それは新たなものを獲得する喜びでもあります。

第**9**章

作品展示が
もっと
うまくなる**4**の技

47 全員展示を目指しつつ,
生徒の展示への意思も大切にする

ポイント

1 展示の拒否権をもたせる
2 作品数と展示スペースのバランスを考える
3 発展として,まとめの作品展を開催する

1 展示の拒否権をもたせる

　生徒が互いに校内で作品を鑑賞し合うことは,まさに学び合うことそのもので,大変好ましいことです。しかし,全員平等の全員展示ではどうしても機械的になってしまいがちです。中には展示されることを望まない生徒もいます。そうした生徒にとっては展示されることそのものが恥ずかしいと思ったり,苦痛と感じたりと,教育的には逆効果になってしまうこともあります。そこで,全員展示を前提としながらも,自分の作品展示について「拒否権」をもたせるのです。

　生徒が「拒否」したいと言ったときに,作品を前に生徒の話を丁寧に聞き,展示されたくない理由を聞きます。教師と話しているうちに,自分の作品のよさに気がつき,「やはり,展示してください」と言うことも多いです。「拒否」したがる生徒は自己肯定感が低かったり,美術の捉え方が狭かったりすることが多いので,こうした対話の機会は非常に有意義です。生徒の美術に対する見方・考え方が広がることにもつながっていきます。

　また,こうした生徒との対話には授業改善の大きなヒントになることがたくさん詰まっています。**生徒が「拒否権」を使わなくなるような美術の授業**

を目指したくなります。

　こうして丁寧に生徒の意思を聞くことを続けると，学年が上がるにつれて，作品展示の「拒否権」はほとんど発動されなくなります。学年が上がると，美術作品に関する見方・考え方も次第に変わっていくからです。

2　作品数と展示スペースのバランスを考える

　校内の展示スペースはさまざまです。ゆったりと展示できる場合はよいとしても，どうしても狭くなりがち。そうした場合は，期間を決めて展示作品を入れ替えることも効果的です。

　また，他学年の作品が同時に見えるような展示もよいでしょう。作品は詰めすぎず，ゆったり展示してあると，自然と一点一点に目がいくようになり，学び合いも生まれやすくなります。

　また，ときには力を入れてギャラリーのように展示してみるのもよいです。

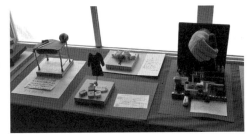

　右の写真は，下の学年の廊下に作品を展示したときのものです。ローテーションで作品を入れ替え，長机に布を敷いて展示しました。こうした展示が下級生の意欲を引き出すことにもつながります。

3　発展として，まとめの作品展を開催する

　年に1度，年度末などに「これまで自分がつくった作品の中でいちばん気に入っているものを展示する」という展示をしたこともあります。生徒全員に，自分のお気に入りの作品を選んでもらって展示するわけです。

　展示された作品を見合うことは，生徒たちが互いのよさを知るきっかけになります。

48 作者としての
生徒の言葉を添えて展示する

ポイント
1 作品には生徒の言葉をカードなどに書いて添える
2 作品を展示したら，カードを見ながらの鑑賞を同僚にすすめる

1 作品には生徒の言葉をカードなどに書いて添える

　美術表現は言語ではなく，色や形を通して思いや考えを伝えるものです。
　その観点からすると，作者が言葉で作品を解説するのは適切ではないのではという考え方もあるかもしれません。しかし，生徒は美術の専門家ではありませんし，制作する時間も限られています。生徒は，必ずしも色や形だけで思いや考えを表現しきれるとは言えません。

　そこを補うのが生徒の言葉です。具体的には生徒がコメントを書いたカードと一緒に，作品を展示するようにします。使用するカードは，市販の無地のものを基本として使用し，生徒が工夫できるようにしておきます。カードも書き慣れてくるとさまざまな工夫が生まれてきます。

　コメントの内容はあえて細かく指定しなくてもよいですが，生徒から求められたら視点を例示するのもよいでしょう。自分が作品で表現したかったこと，つくったときの気持ち，学んだことなど。あるいは，教師からのインタビュー「作品をつくり終えてどうでしたか？　感じたことや考えたことを聞かせてください」に答える感じで書いてみるのもよいでしょう。

　作品によっては，生徒の言葉によって作品の見え方が大きく違ってくることもあります。

このように生徒の思いや考えを丁寧に読み取っていくことは，とても興味深く，また勉強になります。生徒の生み出した作品は「今を生きる証」とも言えます。生徒の言葉を非常に大切なヒントとしながら，より深く味わいましょう。職場の同僚，保護者，地域の方が鑑賞するのにも生徒の言葉は大変参考になります。
　なお，カードに作品の出来栄えのことばかり書かれていたら，それは生徒が主題を生み出すための教師の働きかけが弱かったと捉えるべきでしょう。

2　作品を展示したら，カードを見ながらの鑑賞を同僚にすすめる

　校内展示で作品を見るのは，生徒だけではありません。教員，学校を訪れる保護者や地域の方々など，さまざまです。その中でも，特に同僚には，生徒のコメントを同時に読みながら作品を鑑賞する面白さもアナウンスしてみましょう。生徒の作品鑑賞は生徒理解のための1つの有効な手段です。例えば作品を鑑賞して「この子はこんなことを考えていたのか！」と，生徒の外見からはわからない意外性に驚きの言葉が出たりもします。そして何より作品を「うまい，下手」だけで見られることがなくなっていきます。美術作品の鑑賞が学級経営及び生徒指導の大きなヒントにもなることが理解されれば，校内において美術教育はますます注目されていくことでしょう。

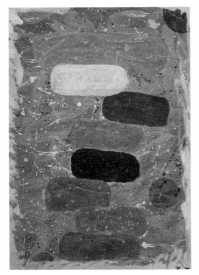

49 校外展を開催し、中学生のよさや美術の面白さを伝える

> **ポイント**
> 1 生徒の言葉と作品の見方の解説などを必ず添える
> 2 生徒の参加への意思を大切にする
> 3 作品の見せ方を大切にしつつ，準備に時間をかけすぎない

1 生徒の言葉と作品の見方の解説などを必ず添える

校内だけではなく，校外で作品を展示することは大変意義のあることです。校外展示のよさは，中学生の素晴らしさを，作品を通して地域の方に知っていただけることです。例えば私の場合は「街かど美術館」と名づけて，公民館，町内会館，コミュニティセンター等で，生徒作品の展覧会を開催していました。**作品には生徒の言葉を添えます。**普段，生徒たちを知らない外部の方にとって，生徒の言葉は鑑賞のための有効なガイドになります。

そして，生徒の言葉の他に，下のような「作品の見方」を掲示しました。

作品に作者や教師のコメントを添えています。
描いた人の思いや考えを知るヒントになるでしょう。

描いた本人になったつもりで，絵を見てみましょう。絵の具の濃さ，筆のスピード，かき直した跡，どこから描き始めたのか…。

大事なことは，ここにある作品は，描いた本人が今を生きているからこそ，生まれてきたという事実です。
作品は「今を生きる証」とも言われたりもします。

見方を提案することで，作品を見る人は生徒を「発見」することにもなります。そして自然に「笑顔」にもなります。**生徒が絵を描いているときに，どのように感性を働かせているのか，作品に込めた思いは，生徒の価値観は…，などなど，生徒をめぐってさまざまなことが見えてくる**訳です。作品を通して中学生のリアルな姿が見えてくるのです。それは絵画コンクールで選ばれた作品を見るときとの大きな違いです。校外展は地域と学校をつなげるきっかけになります。作品を前にしたギャラリートークの開催も有意義です。

2　生徒の参加への意思を大切にする

　校外展では，教師が選んだものを展示する方法もありますが，展示されない生徒のことを考えるとデメリットもあります。せっかくの校外展なので，生徒が自らの意思で出品するようにしたいものです。生徒への参加を促すときの教師の言葉は非常に重要になりますので，よく吟味しましょう。なお，地域との連携を考えると，生徒の氏名欄に町内会名を併記することで，地域の大人の関心度も高まります（本人と保護者の同意が前提です）。

3　作品の見せ方を大切にしつつ，準備に時間をかけすぎない

　せっかくですから，校内展とは雰囲気を変えて，作品を額装すると雰囲気が高まります。**校外展で作品をどう見せるかは，生徒の作品を生かすという意味で，ものすごく重要です**。このようなところで美術教師の力を発揮させたいものです。同時に，校外展を継続させるためには，展示の準備や後片付けも含めて，時間をかけすぎないことも大切にしていきましょう。私の場合は，展示作業にかける時間を1時間以内と設定したら，その時間内でやり切るようにしていました。

50 複製画や，生徒が気軽に描いたものをどんどん展示する

> **ポイント**
> 1 複製画を飾り，素晴らしい文化環境を提供する（買って貼るだけ）
> 2 生徒が気軽に描いた絵を飾り，美術を身近に感じてもらう

1 複製画を飾り，素晴らしい文化環境を提供する（買って貼るだけ）

　鑑賞教育は大切です。授業や美術館などで力を入れて取り組むものばかりではありません。校内に複製画を展示することも，大切にすべきだと思っています。直接評価が伴うものや，すぐに効果が出るものだけが教育ではありません。取り組みも実に簡単です。教材費で，複製画を購入し，ケースから出して展示するだけです。1枚あたりの単価は1000〜1500円程度。日本文教出版からも開隆堂からも販売されています。

　絵画だけではなく，仏像や建築まであります。国際理解や伝統文化，あるいは社会や英語などの他教科との関連も生まれてきます。美術館のように「企画展」としたり，授業の題材に合わせて展示したりと，発展的な展示も

面白いです。予算がないときは，古い教科書や画集を切り抜いて貼ってもよいでしょうし，アートカードなどをミニ額に入れて展示するのもよいでしょう。

　たくさんの複製画を展示すれば校内の雰囲気が変わります。学級，特別教室や保健室，トイレなどさまざまな場所で展示可能です。展示は「よいもの，美しいものに触れてほしい。豊かな学校生活を送ってほしい」という教師からのメッセージです。指導困難校では効果抜群です（p.132　コラム参照）。

2　生徒が気軽に描いた絵を飾り，美術を身近に感じてもらう

　生徒たちが学校や家で何気なく描いたりつくったりしたものを，美術室や美術室前の廊下に展示するのは，生徒にとって美術表現を身近に感じるよい機会になります。絵を描いたり，ものをつくったりすることは，話すことと同じように自然な表現方法なのだということを生徒たちが感じ取ってくれたなら最高です。特に授業で早めに制作が終了した生徒は，小作品をつくってもよいことにして，それを展示します。短時間で気楽に描いたものですから，親しみやすさもあります。ただし，展示にはポイントがあります。どんな作品も台紙に貼って展示することです。ささやかなものも大切にしたいという教師のメッセージです。

Column

環境構成という考え方

　複製画を校内に飾ること。校内が荒れているという学校にもあえてすすめてきました。そのときは，「綺麗に並べて展示する」「額に入れる」どうしても心配なら「目の行き届くところに展示するところから始める」などというアドバイスをしてきました。それから「生徒を信じよう」ということと「絵を飾るってことは，美しいものに触れてほしいなっていう生徒へのメッセージです」とも伝えました。事実，生徒指導の困難な学校で，こうして額に入れて展示していて壊されたという報告は受けたことがありません。

　さて，ある学校の美術室に行ったときのことです。美術室の壊れたところがそのままになっていました。研修のために行ったのですが，美術室の簡易的な補修を優先しました。授業改善の前に生徒のために真っ先にすべきことだと考えたからです。熱心な先生でしたが，日々の授業や生徒指導に追われ，環境のことにまで気がいかなかったのでしょう。また，いつのまにか感覚が麻痺していたのかもしれません。さらに，棚にあった複製画を引っ張り出し，それを壁に飾りました。画集も生徒が手に触れて見られるようにしました。

　しばらくしてその先生から連絡が来ました。「生徒の様子が変わってきました！」環境の大切さを実感していただけたようです。

　私も，転勤したばかりの学校で真っ先にやるのが校内に複製画を飾ることでした。美術だけではなく，社会の授業進度に合わせて貼り替えたり，1年生の英語を意識して世界の建築物を1年生の教室近くに貼ったり，さまざまな工夫を楽しめます。複製画もテーマをもって意図的な展示をすると，1つの指導になります。

　ところで，幼児教育は**「環境を通した教育」**とも言われています。この場合の環境は人も環境と捉えるなど幅の広いものです。この考え方は中学校でも非常に有効です。教師が環境をどう構成し何を育てようとするのか。複製画の展示などは，狭い意味での環境構成になります。これをきっかけに，幼稚園教育要領解説に示されている「環境の構成」を読んでいただければ幸いです。

付録
誌上ギャラリー

「自分にとって価値あることを絵にして，伝え合おう」(2年生)

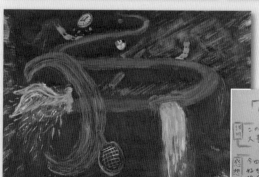

「開く未来」

「助ける」

今回、この作品をかいたのは東日本大震災があって、被災地の人たちを世界中の人たちが助けていたのを見て、すごいと思ったからです。この作品をとおして、これからも協力しようと思いました。

2年

「鉛筆による抽象絵画ー動きのある美しい画面」(2年生)

「自分の作品「あかり」の特徴を伝えるプレゼンボード」(2年生)

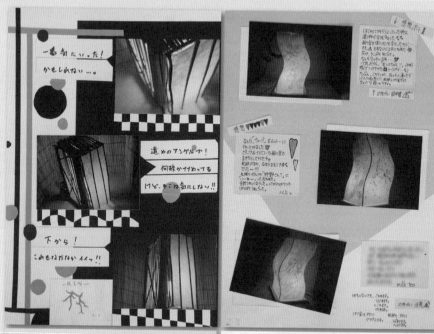

「人の心を動かす形」(3年生)

『自信過剰』

『葉から落ちる雫(露)』
3年

『みんな一緒』

「卒業制作～自分の存在証明」(3年生)

~己の力~

中学校卒業したらもう自立した生活を日々送らなくてはいけなくなる。そういう時に必要なのはこの「己の力」だと思う。力で一番思いつくのがこの腕だった。手についている矢印は苦しいときにも前向きに捉えて生きていこうという自分の決意を表現した。

> この作品に込めた思い～つまり自分を表している。左のヤツは昔の自分を，右のヤツは今や将来の自分を表している。
> 　左の自分は，自分のカラに閉じこもってしまっている自分。右の今や将来の自分がそのカラをギターでたたき破る！　そして自分のカラから自立するのである。
> 　さようなら！　昔の自分！

おわりに

　ずっと思っていたことがあります。それは私が30年以上に渡って美術の授業をやってきてやっと気がついたことを，そのまま若い人に手渡したらどうなるだろうと。もし，そうしたことが可能であれば，例えば私が50歳になってやっとたどりついたことを，30歳の人が実現してしまうのではないだろうか。そうなれば，私が想像もできないような，到底到達できなかったことを成し遂げてくれるのではないか。先輩から受け取ったバトンを次の誰かに手渡したい，そんな気持ちでいます。そうすることは中学生の未来を明るくすることにつながっていくに違いありません。本書に書いたことが，そのような役割の一部を担ってくれるなら，これほどの喜びはありません。

　さて，本書の内容は，私の執筆には違いありませんが，私が多くの先生や生徒から学んできたことです。私のスタートは，校内暴力が吹き荒れた時代でした。授業を成立させようと必死でした。生徒の心を動かさない授業は相手にされません。そのことを身にしみて感じました。生徒の心を動かすような授業をつくるために必要なことは，情熱はもちろんですが，研究でした。学べば学ぶほどその分確かな手応えがありました。先輩教師や仲間，書籍，地域の研究会，そして生徒。こうして得た「教師が変われば，生徒も変わる」という実感。この面白さを知り，授業改善を進めてきました。おかげさまで退職する数年前からの授業は毎回毎回がワクワクでいっぱいでした。美術の授業を30年以上してきて，やっと得たものです。いつも笑顔でした。そして生徒の学びを見取ることが面白くて面白くて仕方がありませんでした。とりわけ，卒業制作における生徒の学びの姿は私が美術教育の理想としてきた姿に近いものがありました。

　そんな私ですが，30代のときに学級経営でつまずいたことがあります。教育全体に対して絶対的な自信をもっていた頃です。特に学級経営では「こうすれば，こうなる」というようなハウツー的なことを自ら生み出していた頃

です。つまずいて初めて努力の方向が間違っていることに気がついたのです。美術の授業で言えば，立派な作品をつくらせることばかり考えていたようなものです。当時の生徒たちには申し訳ない気持ちでいっぱいですが，ここから学んだことは大きなものでした。それから，手応えを感じたこともありました。学校が荒れていて多くの授業が成立していない中，美術の授業は成り立っていたのです。さらに卒業制作で見せた生徒の姿や作品を保護者や先生方が認めてくれました。人間教育としての美術教育を大切にしてきた私にとって大きな喜びでした。私の教師としての美術教育についての学びのソースはこれだけではありません。さらに２つ，大きなものがあります。

　１つは，学習指導要領改訂において美術の時間数をこれ以上減らせないという思いから開催した「中学校美術Ｑ＆Ａ」での学びです。私は主催者の立場から全国147の授業実践と30のご講演を聞かせていただきました。さらに毎回，参加者によるアクション会議で多くの先生方の声を聞いてきました。これらを開催して思ったことは，こんなにも熱心な先生が全国各地にいらっしゃるということでした。ここで学んだことも本書の執筆に生きています。

　もう１つは小学校教育や幼児教育について学んできたことです。教育においては発達特性を踏まえ，その年齢だからできること，その年齢でやるべきことがあることがわかってきたおかげで，中学校ですべきこともはっきりと見えてきました。また各学校種における美術による学びを考えると，中学校との共通点も見えてきます。そこに本質的に教育として大切なものがあります。本書では直接的に述べてはいませんが，そうしたことも踏まえて中学校美術の授業について書かせていただきました。

　最後に，授業改善が正しい方向で進むならば，生徒の価値葛藤が増えながらも，笑顔が増えます。中学生の未来のためによりよい授業をつくっていきましょう。

　2019年8月

　　　　　　　　　　　　　　　　　　　　　　　　　　　　山崎　正明

【著者紹介】
山崎　正明（やまざき　まさあき）
1957年北海道札幌市生まれ。埼玉県与野市立与野西中学校での講師を1年，その後北海道石狩管内の中学校教諭として32年間務めた後，2014年より北翔大学に勤務。現在は教育文化学部教育学科教授として教員養成に携わっているほか，中学校の教科書「美術」（光村図書）の編集委員でもある。美術教育については幼児から小学生・中学生・高校生・大学・市民と幅広く捉え，2004年からwebサイト「美術と自然と教育と」で発信を続けている。また「日本・美術による学び学会」事務局を務めるほか「美術による学び研究会」の北海道エリア代表として活動している。「中学校美術NET」を立ち上げ，メンバーとして研究会「中学校美術Q&A」を2012年より期間限定で全国各地で18回開催。中学校教員時代は北海道造形教育連盟・石狩造形教育連盟および石狩管内教育研究会図工美術部会など地域の研究会で多くの先生に育てていただいた。

中学校　美術の授業がもっとうまくなる50の技

2019年10月初版第1刷刊	©著　者	山　崎　　正　明
2020年 6月初版第3刷刊	発行者	藤　原　光　政
	発行所	明治図書出版株式会社

http://www.meijitosho.co.jp
（企画・校正）小松由梨香
〒114-0023　東京都北区滝野川7-46-1
振替00160-5-151318　電話03(5907)6701
ご注文窓口　電話03(5907)6668

＊検印省略　　組版所　株式会社　木元省美堂

本書の無断コピーは，著作権・出版権にふれます。ご注意ください。

Printed in Japan　　ISBN978-4-18-260257-3
もれなくクーポンがもらえる！読者アンケートはこちらから　→

「やらされ」授業は今日でさよなら！ とびきりの授業プランが満載

造形的な見方・考え方を働かせる
中学校美術 題材＆授業プラン36

田中 真二朗 著

準備から評価まで まるごとわかる！

　何だかやる気のないあの子も、「美術は苦手…」なあの子も夢中になれる、たっぷり36の題材を伝授いたします。
　詳しい授業の流れはもちろん、材料・用具や準備の流れ、評価のポイントまでばっちり網羅。全員でつくる喜びを味わう授業が、この1冊で叶います！

2,100円+税　B5判・120頁　図書番号：2180

明治図書　携帯・スマートフォンからは **明治図書ONLINEへ** 書籍の検索、注文ができます。▶▶▶
http://www.meijitosho.co.jp　＊併記4桁の図書番号でHP、携帯での検索・注文が簡単に行えます。
〒114-0023　東京都北区滝野川7-46-1　ご注文窓口　TEL 03-5907-6668　FAX 050-3156-2790